Reiner Vogel

111 Orte in Niederbayern, die man gesehen haben muss

Mit Fotografien von Maximilian Raab

111

emons:

Bibliografische Information der Deutschen Nationalbibliothek
Die Deutsche Nationalbibliothek verzeichnet diese Publikation in der Deutschen Nationalbibliografie; detaillierte bibliografische Daten sind im Internet über http://dnb.d-nb.de abrufbar.

MIX
Papier | Fördert gute Waldnutzung
FSC® C083411

Kap. 6 Die Totenbretter: Bianca Wohlleben-Seitz;
Kap. 40 Das Besucherzentrum im Felsenkeller: Benediktinerabtei Kloster Weltenburg;
Kap. 43 Die Käsplattn: Karl Reitmeier, Karlshofgarten 1, Viechtach;
Kap. 47 Die Narrentreppe: Bayerische Schlösserverwaltung, www.schloesser.bayern.de;
Kap. 96 Blue Brix: Blue Brix GmbH;
Kap. 110 Die Rottaler Sternwarte: Karl Aigner, Sternenfreunde Wurmannsquick e.V.
Gestaltung: Eva Kraskes, nach einem Konzept von Lübbeke | Naumann | Thoben
Kartografie: altancicek.design, www.altancicek.de
Kartenbasisinformationen aus Openstreetmap,
© OpenStreetMap-Mitwirkende, ODbL
Druck und Bindung: CPI – Clausen & Bosse, Leck
Printed in Germany 2024
Erstausgabe 2015
ISBN 978-3-7408-2198-2
Aktualisierte Neuauflage Februar 2024

Vorwort

Niederbayern ist mit 10.000 Quadratkilometern flächenmäßig der zweitgrößte bayerische Regierungsbezirk. Rund 1,2 Millionen Menschen leben hier. Wie kein anderer bayerischer Landstrich hat Niederbayern in den vergangenen Jahrzehnten eine atemberaubende Entwicklung vom Agrarland zur modernen Industrie- und innovativen Mittelstandsregion durchlebt. Die Arbeitslosenraten sind auf Niedrigniveau, die Wirtschaft boomt anhaltend. Geblieben ist trotz aller Prosperität der landschaftliche Reiz Niederbayerns. Die kreisfreien Städte Landshut, Passau und Straubing bieten historische und überaus lebendige Sehenswürdigkeiten für jeden Geschmack: Altehrwürdige Kirchen, bundesweit einmalige Themenmuseen, Umweltparadiese und sagenhafte Geschichten rund um Plätze und Stadttürme. Das niederbayerische Heilbäderwesen mit seinen römischen Wurzeln genießt europaweit einen herausragenden Ruf. Das touristische Angebot ist so breit wie vielfältig – und auch noch originell.

Wo sonst gibt es einen Stinkerturm wie in Dingolfing, einen Brunnen mit einer wehrhaften Knödelwerferin als Motiv wie in Deggendorf oder ein ehemaliges Armenhaus als namhafte Kunstadresse wie in Hengersberg? Die Klosterbibliothek von Metten ist eine kunsthistorische Rarität, das Afrikamuseum von Schweiklberg geheimnisvoll, das Freilichtmuseum Massing ohne jeglichen Kitsch. Verstreut über die Region gibt es außerdem diverse Kunst- beziehungsweise Skulpturenwege oder als Beispiel für früheres Leben ein ausgezeichnet erhaltenes Römerkastell.

Dies alles macht Niederbayern überaus vielfältig, spannend, begeisternd! Gehen Sie auf eine Entdeckungsreise zu »111 Orten in Niederbayern, die man gesehen haben muss«.

111 Orte

1 Das Aventinusdenkmal

Eine bayerische Geschichtsreise

In der verwinkelten Innenstadt von Abensberg führt kein Weg vorbei am berühmtesten Sohn des Ortes. Zunächst ragt am Aventinusplatz sein steinernes Denkmal in die Höhe. Auf einem Sockel steht der Gelehrte lebensgroß in Denkerpose – den rechten Arm ans Kinn gelegt. Darunter ist zu lesen, dass er »in seiner Heimatstadt die Jahrbücher der Bayern 1519 begonnen und 1521 vollendet hat«. Johannes Aventinus ist der bekannteste bayerische Geschichtsschreiber. Eigentlich hieß er Johann Georg Turmaier, aber er latinisierte seinen Namen zu Aventinus (der Abensberger). Dies ist auf einer Tafel zu entziffern, die an seiner Geburtsstätte angebracht ist.

Ein rostrot verputztes Bürgerhaus steht geranienumrankt am Ausgang des inneren Stadtplatzes. Hier wurde Johann Turmair am 4. Juli 1477 geboren. Der begabte Jüngling entwickelte sich zu einem Universalgelehrten. So gab er 1523 die erste Karte Bayerns heraus, schrieb ein Lehrbuch über Musik, arbeitete auch im Bereich der Mathematik. Seine Lateinische Grammatik wurde allgemeines Lehrbuch. Nicht zuletzt deshalb gibt es – nicht nur in Abensberg – eine Aventinus-Schule.

Aventins Hauptwerk bleibt aber die Darstellung der bayerischen Geschichte bis zum Jahre 1460. Nicht nur dazu gibt es weiterführende Einzelheiten im Abensberger Heimatmuseum, gleich gegenüber seinem Denkmal. Im fünften Stockwerk des sanierten Getreidekastens sind wertvolle Exponate aus dem unmittelbaren Umfeld und Schaffen von Aventinus zu bestaunen. Die Stadt konnte zwei Bücher in Ausgaben von 1580 und 1622 erwerben. Als Besonderheit gibt es davon auch einen Nachdruck, in dem der interessierte Besucher blättern kann. Aber damit noch nicht genug von und über Aventinus: Das ehemalige Karmelitenkloster wurde zu einem Veranstaltungszentrum umgebaut. Hier sind etwa die Volkshochschule und die Musikschule untergebracht. Der Name, richtig: Aventinum.

Adresse Aventinusplatz; Stadtmuseum: Dollingerstraße 18, 93326 Abensberg | Anfahrt A 93 Ausfahrt Abensberg, Beschilderung zur Innenstadt, Parkplatz am Kreisverkehr vor der Innenstadt oder am Großparkplatz Gillamoos | Öffnungszeiten Di–So 10–17 Uhr | Tipp Auf dem »Kulturweg« am historischen Stadtgraben präsentieren Künstler aus der Region wechselnde Werke.

2 Die Speedwaybahn

Staubwolken und wagemutige Männer

Das Stadion liegt hinter einer hohen Mauer, inmitten eines schmucken Wohngebietes am Rande von Abensberg. Von außen ist die Anlage nicht einzusehen, und dies ist auf den ersten Blick auch kein großer Verlust: Das Gelände vermittelt immer noch den etwas herben Charme der Aufbaujahre nach dem Zweiten Weltkrieg. Eine kleine Vereinsgaststätte im Eingangsbereich dient als Einkehrmöglichkeit nach der Stadionbesichtigung. Die um den Rasen führende Aschenbahn ist 396 Meter lang. Die Haupttribüne erscheint zwar nicht spektakulär, bietet allerdings den besten Blick ins Stadionrund. Auch die Stehtribünen sind ein wenig aus der Zeit gefallen, wenigstens aus der neueren. Im Eingangsbereich sind die hölzernen Boxen für die Speedwayfahrer während des Jahres verschlossen. Nichts deutet darauf hin, dass hier jährlich an Pfingsten der Teufel los ist.

Dann findet im Stadionrund die größte Sportveranstaltung Niederbayerns statt. Etwa 5.000 Zuschauer lassen sich den Kampf um die Startplätze zum ersten Lauf der Speedway-WM nicht entgehen. Vorbei ist es dann mit der Ruhe und auch der Abgeschlossenheit hinter der gemauerten Einfriedung.

Die Maschinen heulen ohrenbetäubend, die wagemutigen Fahrer jagen Mann gegen Mann in die Kurven, und manchmal fliegen sie auch darüber hinaus. Speedway ist ein harter Sport, die eine oder andere Delle an Mann oder Maschine gehört dazu. Nachdem am Pfingstsonntag die Vorläufe absolviert sind, gehen am Tag danach die Bänder hoch. Jahr für Jahr sind Top-Piloten aus zehn Nationen in der Aufstellung zu finden. Das Speedwaystadion wird zum Hexenkessel.

Der MSC Abensberg zählt mit seinen fast 300 Mitgliedern zu den größten Vereinen im Landkreis Kelheim. Er hat es geschafft, dass Abensberg zum Mekka der Speedwayszene geworden ist. Von alldem ist während des Jahres nichts zu spüren. Das Stadion aber ist eine zeit- und sportgeschichtliche Besonderheit.

Adresse Stadionstraße, 93326 Abensberg | **Anfahrt** A 93 Ausfahrt Abensberg, beim Kreisel in Abensberg rechts ab, nach 800 Metern rechts in die Stadionstraße abbiegen, Eingang bei Sportgaststätte | **Tipp** Der Maderturm ist der einzig noch existierende Turm der ehemaligen Abensberger Wehranlage. Diese Anlage bestand ursprünglich aus 32 Rund- und acht Ecktürmen.

3 Der Vogel- und Tierpark

Pfau trifft Känguru

Der Vogel- und Tierpark am Welschenbach bei Abensberg liegt abseits der großen Straßen und schmiegt sich auf zweieinhalb Hektar harmonisch in die niederbayerische Kulturlandschaft ein. Empfangen werden die Besucher nicht selten von stolzen Pfauen, geschäftigen Hasen oder meckernden Ziegen. All diese Tiere bewegen sich überwiegend frei im Park und gehen nur zum Fressen an ihre Futterstellen. Überhaupt ist das Freigehege der Impulsgeber und Wegweiser für den familienfreundlichen Vogel- und Tierpark. Hier wird weitgehend auf einengende Barrieren verzichtet, die Nähe von Gästen und »Bewohnern« ermöglicht. Etwa 200 Tierarten leben im gesamten Gelände zusammen. Da sind etwa Uhus und Kängurus, Hausschweine und Papageien, Sittiche, Hasen, Meerschweinchen und Hühner. Eine wunderbar bunte Gemeinschaft von Säugetieren und Vögeln. Die Volieren sind großzügig geschnitten und mit Rückzugsmöglichkeiten in Schutzhäusern ausgestattet. Je nach Vogelart sind diese Häuschen beheizt oder auch nicht. Zu bestaunen sind ihn ihrem natürlichen Lebensraum auch Reptilien wie Schlangen und Echsen. Drei Pfleger kümmern sich ständig um die Tiere. Eine Kurzbeschreibung für jedes Tier und für jede Tierart ist übersichtlich an der jeweiligen Voliere oder am Gehege angebracht.

Für Kinder mit ihren Eltern oder für Schulklassen ist der Vogel- und Tierpark natürlich besonders interessant. Je nach Saison werden entsprechende Angebote ausgeschrieben. Das Spielplatzangebot im Gelände sorgt für weitere Abwechslung, für Hunger und Durst gibt es eine moderne Gastwirtschaft.

Erstmals eröffnet wurde der Vogel- und Tierpark in den 1960er Jahren. Seit Mitte 2021 ist er im Besitz der Abensberger Familie Guttenberger. Erfolgt sind seit dieser Zeit umfangreiche Sanierungsarbeiten – weitere sollen in den nächsten Jahren immer wieder dazukommen. Besuche sind aber auch während der Bauphasen stets möglich, so wird versichert.

Adresse Welschenbach 4, 93326 Abensberg | Anfahrt A93 Ausfahrt Abensberg, St 2144 nach Welschenbach, Ausschilderung »Vogelpark« folgen | Öffnungszeiten siehe www.vogelpark-abensberg.de | Tipp Der bunte Turm der Brauerei Kuchlbauer in Abensberg ist ein Projekt des österreichischen Künstlers Friedensreich Hundertwasser. Der Turm ist 35 Meter hoch und soll ein Leuchtturm des bayerischen Bieres sein.

4 Der Handlberg

Ein Denkmal zur großen Bauernschlacht

Das Handlberg-Denkmal steht am östlichen Ortsrand des Marktes Aidenbach auf einem Hügel. Der Blick fällt auf die Gemeinde, die malerisch in der Senke unterhalb des Handlberges liegt.

Das Denkmal wurde im Jahre 1866 auf einem Treppensockel errichtet. Es erinnert eindringlich und dauerhaft an über 3.000 Bauern, Handwerker und Knechte aus dem Vils-, Rott- und Inntal. Sie fanden am 8. Januar 1706 in der Schlacht von Aidenbach den Tod. Die Aufständischen wurden »von den kaiserlich-österreichischen Besatzungstruppen auf diesen umliegenden Hügeln und Tälern erbarmungslos niedergemetzelt«. Dies schreibt der Passauer Heimatforscher Ludwig Maier. Dem »Massaker« von Aidenbach ging die Sendlinger Mordweihnacht voraus, bei der die Oberländer Bauern durch die Österreicher niedergeworfen worden waren.

Beide Auseinandersetzungen gehören zum Spanischen Erbfolgekrieg. Bayern und Frankreich standen gegen Österreich und England im Feld. Durch das österreichische Besatzungssystem mit seinen Zwangsrekrutierungen fühlten sich auch die niederbayerischen Bauern tief gedemütigt und zogen in die Abwehrschlacht. Rund um den Handlberg stellten sich die mit Sensen, Dreschflegeln und anderen primitiven Waffen unzulänglich bewaffneten Bauern am 8. Januar 1706 gegen die ausgebildete Soldateska aus Österreich. Das Ergebnis der ungleichen Auseinandersetzung: Eine Fußmarschstunde weit bedeckten Leichen die Felder und Wiesen um Aidenbach! Diese brutalen Geschehnisse sind im Gedächtnis des Passauer Landes unverrückbar erhalten geblieben.

Neben dem Denkmal Handlberg erinnern auch das Denkmal Kleeberg im Bereich von Beutelsbach und die Kapelle Reschendobl in der Nähe von Egglham an die Bauernschlacht von Aidenbach. Zum Gedenken wird von der Gemeinde Aidenbach außerdem alle zwei Jahre im Sommer das Freilichttheaterstück »Lieber bairisch sterben« aufgeführt.

Adresse Denkmal: Marktplatz, 94501 Aidenbach | Anfahrt A 3 Ausfahrt Garham/Vilshofen, von Garham Richtung Vilshofen/Aldersbach, in Aldersbach links Richtung Aidenbach, vom Marktplatz aus 20 Minuten Fußmarsch zum Handlberg | Tipp In der Nähe befindet sich der Vogelpark Irgenöd. Etwa 150 Arten von exotischen Vögeln und viele interessante Säugetiere garantieren einen anregenden Besuch (vom 29. März–Okt. täglich 9–19 Uhr geöffnet).

5 Die Klosterkirche

Pfiffiges Kleinod im Kirchenfresko

Die Reihenfolge ist klar geregelt: zuerst hinein in die »schönste Marienkirche Bayerns« und dann zur Stärkung des leiblichen Wohles ins Bräustüberl daneben. Die Klosterkirche Aldersbach erhielt ihr barockes Aussehen zu Beginn des 18. Jahrhunderts durch den italienischen Bauherrn Domenico Magazini. Dieser lockte mit viel Geld die in der damaligen Künstlerszene herausragenden Gebrüder Asam nach Aldersbach.

Cosmas Damian übernahm die Malerarbeiten, der Stuckateur Egid Quirin die Innengestaltung des Kirchenbaues. Die Brüder steigerten sich in einen barocken Schaffensrausch hinein. Dabei stellen die vielfach gerühmten Deckenfresken über drei Joche hinweg die Kirchenfeste im Jahreslauf dar. Die Gottesmutter Maria ist unbestritten der Dreh- und Angelpunkt des Geschehens. Im Westen beginnt die Verkündigung, über die Weihnachtsszene geht es zum sich öffnenden Himmel.

Der Hochaltar ist der Höhepunkt des prunkvollen »Thronsaales«. Er wurde 1723 vom Passauer Bildhauer Matthias Götz aus Holz geschnitzt und in hellen Farbtönen marmoriert. Der Aufbau stellt die Heiligste Dreifaltigkeit, umgeben von 88 Engeln, dar. Ausgedrückt werden soll insgesamt die barocke Sehnsucht des Menschen nach einem Himmel auf Erden.

Unbedingt sollte der nach oben blickende Besucher nach einer dargestellten Schwalbe Ausschau halten. Wer den kleinen Vogel in dem Fresko nicht findet, der hat Niederbayern nicht gesehen!

Nach der kirchlichen Pracht geht es in das weltlich-barocke Bräustüberl. Diese holzgetäfelte Wirtsstube ist urgemütlich – das Bier süffig und die Essensauswahl regional im besten Sinne. Schon bald nach der Klostergründung 1146 fingen die Zisterziensermönche in Aldersbach an, Bier zu brauen. Die Brauerei Aldersbach ist schon seit vielen Generationen in Besitz der Familie von Aretin und zählt zu den erfolgreichsten Privatbrauereien in Bayern.

Adresse Freiherr-von-Aretin-Platz 1, 94501 Aldersbach | Anfahrt A 3 Ausfahrt Garham / Vilshofen, von Garham Richtung Vilshofen / Aldersbach | Öffnungszeiten Die Kirche ist während des Tages geöffnet, Kontakt für Führungen im Klosterladen, Tel. 08543/960433, E-Mail: klosterladen@aldersbacher.de | Tipp Zum nahe gelegenen Schloss Haidenburg gehört ein vier Hektar großer Landschaftspark im englischen Stil. Das Schloss ist eine der ältesten Anlagen im Umfeld und überblickt das herrliche Sulzbachtal.

6 Die Totenbretter

Stete Mahnung an die Vergänglichkeit

Im landschaftlich wunderschönen Zellertal haben sich noch relativ viele Totenbretter erhalten. Eines der eindrucksvollsten Motive des gesamten Bayerischen Waldes ist dabei eine Gruppe von 80 derartigen Gedenkbrettern bei der Liebfrauenkapelle von Arnbruck. Hierbei handelt es sich um Volkskunst im unverfälschtesten und damit originellsten Sinne. Das älteste Brett stammt aus dem Jahr 1861. Zu sehen sind entlang der Straße am Ortseingang jeweils individuell gestaltete Bretter – mal mit einem kleinen Dach obendrüber, vielfach mit einem Kreuz, manchmal spärlich bemalt oder verblasst, dann wieder relativ frisch. Viele der Bretter enthalten Sprüche, die auf die betreffende Person zu Lebzeiten passten. Da finden sich auch mal deftige Reime: »Hier ruht Theres Gschwendtner, sie wog zweieinhalb Zentner. Gott gebe ihr in der Ewigkeit nach ihrem Gewicht Glückseligkeit.« Oder: »Er war ein armer Schreinergesell, ob er in den Himmel kommt oder in die Höll? Zum Glück war er ledig. Herrgott sei ihm gnädig.«

Totenbretter zählen, genau wie Weg- und Feldkreuze, Bildstöcke und Kreuzwege, zu den Flurdenkmälern. Im Bayerischen Wald dürften noch ein paar Tausend dieser Toten- und Gedenkbretter stehen. Aufgestellt sind sie meist vor Kirchen und Bauernhöfen oder auch an Wegrändern. Heimatkundliche Vereine kümmern sich immer noch engagiert um den Erhalt dieser örtlichen Personen und Zeitzeugnisse. Vereinzelt werden auch neue Tafeln für verstorbene Vereinsmitglieder aufgestellt.

In Bayern wurde die Sargbestattung erst um das 17. Jahrhundert herum eingeführt. Vorher bahrten die Angehörigen ihre Toten auf einfachen Fichtenbrettern auf. Zwei Tage und Nächte blieb der Tote darauf liegen, begleitet von betenden Verwandten. Dann wurde die Leiche in ein Leintuch gewickelt, zum Grab gebracht und hier rutschte dann der Tote vom Brett ins Grab. Nach dem Volksglauben findet die Seele des Toten erst dann ihre Ruhe, wenn das Holz zerfallen oder morsch geworden ist.

Adresse 93471 Arnbruck, Ortseingang bei der Liebfrauenkirche | Anfahrt A3 Nürnberg–Regensburg–Passau Ausfahrt Bogen, weiter auf der Staatsstraße in Richtung St. Englmar-Viechtach, ab Viechtach nach Lam-Arnbruck-Drachselsried | Tipp An einem alten Steinbruch beim Wintersportzentrum Eck-Riedelstein liegt die spektakuläre Aussichtsplattform »Skywalk«. 30 Meter hoch bietet sie einen herrlichen Ausblick ins Zellertal. Bei guter Fernsicht kann man sogar die Alpen am Horizont erkennen.

7 Die Arnstorfer Schlösser

Drei auf einen Streich

Das auf das 15. Jahrhundert zurückgehende, herrschaftliche Wasserschloss liegt etwas westlich vom Arnstorfer Ortskern, wird aber von den Einheimischen als das Obere Schloss bezeichnet. Die Vierflügelanlage ist mauerbewehrt und von ausladenden Grün- und Wasserflächen umgeben. Der schützende Wassergraben ist noch zu gut drei Vierteln erhalten. Die früheren Eigentümer pflegten in ihrem unmittelbaren Umfeld durchaus Distanz zur einfachen Bevölkerung. Außerdem sollten Hab und Gut bestmöglich gesichert sein. Das heute denkmalgeschützte Ensemble war aber in erster Linie Wirtschaftsbetrieb der beständig ansässigen Reichsfreiherren von Closen: Sie waren als Hofmarksherren Richter und Grundherren und oberste Instanz in der Region.

Schlossbrauerei und dazugehöriges Gasthaus, Jagdstadel, Wirtschaftsgebäude – bis in die Gegenwart hinein ist die Funktionalität noch nachzuvollziehen, aber auch die Dominanz derer von Closen. Erwähnenswert sind heute noch zwei Prunkräume sowie die Schlosskapelle St. Katharina.

Das Untere Schloss direkt am Marktplatz von Arnstorf resultiert aus einer Teilung der Closen-Herrschaft. Der jüngere Zweig baute sich eine neue, zweigeschossige Barockresidenz im Stil des 17. Jahrhunderts mit markanten Ecktürmen. Die Denkmalpfleger empfehlen einen Blick auf das Schlossportal mit der darüber zu sehenden Madonnennische.

Vom inneren Arnstorfer Marktbereich aus sind es etwa sechs Kilometer bis in den eingemeindeten Ort Mariakirchen. Die kleine Gemeinde und das wie selbstverständlich im 16. Jahrhundert dazugebaute Wasserschloss bilden eine charmant anmutende Einheit. Baukunst und bäuerliche Landschaft schmiegen sich hier aneinander an. Das Wappen im Innenhof datiert die Entstehung des Schlosses exakt auf das Jahr 1550. Das von der Renaissance beeinflusste Wasserschloss zählt zu den sehenswertesten Bauten der Hügellandschaft.

Adresse Oberes Schloss, 94424 Arnstorf | Anfahrt A 3 Ausfahrt Bogen, B 20 Richtung Landau a. d. Isar, Simbach bei Landau, Richtung Arnstorf, Schloss ist ausgeschildert | Öffnungszeiten nur von außen zu besichtigen | Tipp An der Steinbachbrücke steht das Alt-Arnstorf-Haus. Das Blockhaus aus dem 18. Jahrhundert ist als kleines Museum ausgebaut.

8 Das Würzingerhaus

Geschichte und Gegenwart eines multiplen Gebäudes

Das Würzingerhaus ist in den Urkunden als ehemaliger Grundbesitz des Klosters Niederaltaich nachgewiesen. Demnach geht das historische Gebäude auf das 12. Jahrhundert zurück, im Mittelalter diente es als Sitz der niederen Gerichtsbarkeit und als Taverne. Durch die Lage an der »Gulden Straß« profitierte man von den Viehmärkten in Vilshofen und Deggendorf. Landwirtschaft, Metzgerei und Gasthaus konnten somit ausgezeichnet gedeihen. Später residierten hier auch das Rathaus, die Poststelle und weitere öffentliche Einrichtungen. Der Name Würzinger ist ein sogenannter Hausname, er geht damit auf einen früheren Besitzer zurück.

Von 1998 bis 2002 wurde das Gebäude von der Gemeinde aufwendig saniert und in weiten Teilen seiner ursprünglichen Nutzung wieder zugeführt. Das Ergebnis kann sich nicht nur sehen lassen, sondern es ist auch überaus bunt und vielfältig.Grundlage und Drehscheibe sollte von Anfang an ein moderner Gastronomiebetrieb sein. Trotz bester Voraussetzungen gab es lange Jahre Schwierigkeiten mit der Verpachtung. Umso größer ist im Ort jetzt die Freude, dass von einer engagierten Familie eine Pizzeria betrieben wird. Die weiteren Gasträume werden vom FC Bayern Fanclub und weiteren Vereinen für Zusammenkünfte genutzt. Im Saal im Obergeschoss gibt es Kurse der Volkshochschule. Auch private Familienfeiern werden hier abgehalten.

Die nach der Sanierung des Würzingerhauses eingerichtete Informationsstelle des Nationalparks Bayerischer Wald wird zwar zum allgemeinen Bedauern nicht mehr betrieben. Das Dachgeschoss wird jetzt aber als Lagerraum für Vereinsausrüstungen und für die Gaststätte genutzt. Im Erdgeschoss ist noch die Gemeindebücherei untergebracht, und die örtliche Rot-Kreuz-Gemeinschaft hat einen Raum als Vereinsheim angemietet.

Besonders erfreulich entwickelt sich der von der Gemeinde betriebene Dorfladen. Besonders wegen seiner regionalen Produkte ist er sehr beliebt.

Adresse Eginger Straße 1, 94532 Außernzell | **Anfahrt** A 3 oder A 92 jeweils Ausfahrt Iggensbach, St 2322 durch Iggensbach, dann Beschilderung Schöllnach folgen, Abzweigung nach Außernzell folgen | **Tipp** Zehn Kilometer entfernt liegt der Aussichtsturm Brotjacklriegl. Von hier gibt es bei schönem Wetter einen einmaligen Blick über den Bayerischen Wald.

9 Der Heinrichsturm

Des Kaisers Lieblingsort

Vom Burgberg aus wurden zur Römerzeit die Donau und der befestigte Weg von Regensburg nach Eining bewacht. Dann kamen die Bajuwaren, und noch später – im 10. Jahrhundert – saß hier auf der trutzigen Burg der Bayernherzog Heinrich II., genannt der Zänker. Auf dessen Sohn wiederum, den späteren Kaiser Heinrich II., geht der Name des 27 Meter hohen Turmes zurück. Heinrich wurde auch »der Heilige« genannt. Kein Wunder, sein Erzieher war der tatsächlich heiliggesprochene Bischof Wolfgang von Regensburg gewesen. Heinrich erhob seine geliebte Burg zur kaiserlichen Pfalz.

Ihr weiteres Schicksal war recht verquer, wie es so oft in der Geschichte der Fall war. Schenkungen, Zerstörungen, Wiederaufbau, weitere Fehden, Verfall. Letztendlich steht heute noch der Heinrichs- beziehungsweise Hungerturm. Diese Bezeichnung geht auf eine Belagerung der Stadt Regensburg Ende des 13. Jahrhunderts zurück. 400 Regensburger Bürger zogen, von Hunger und Not getrieben, nach Abbach und brannten Ort und Burg nieder. Nur der Heinrichsturm blieb erhalten – so weiß es die Ortsgeschichte zu berichten. Heute sind von der ehemals mächtigen Ringmauer nur noch Teilstücke erhalten. In einer sachkundigen Grabungsaktion im Jahr 1980 wurden die Grundmauern des ehemaligen Pflegerhauses rekonstruiert. Der Platz vor dem Turm ist Endpunkt eines vom Ortszentrum aus steil ansteigenden Weges. Der Turm steht frei – die Waldlandschaft ist zurückgedrängt. Die Gesamtanlage ist sehr gepflegt und wird der Bedeutung des geschichtsträchtigen Ortes gerecht. Eine Tafel am Turm liefert knappe Informationen. In zehn Meter Höhe ist eine rundbogige Einstiegsöffnung, zu der man früher über eine Holzleiter gelangte. Heute führt eine moderne, aber stimmige Aluminiumleiter zum Zugang. Der Aufstieg führt in zwei übereinanderliegende achteckige Gewölberäume, von denen aus der Rundblick über den Donauraum bis nach Kelheim reicht.

Adresse Schlossbergweg, 93077 Bad Abbach | Anfahrt A 93, Ausfahrt Bad Abbach, Richtung Ortsmitte, Parkplätze im Ortszentrum sind ausgeschildert | Tipp Nahe Bad Abbach wurde eine Villa Rustica, ein Gutshof aus der Römerzeit, freigelegt. Ein interessanter Ausflug in eine vergangene Zeit.

10__Das Jurahaus

Das älteste Bauernanwesen weit und breit

Der 700-Einwohner-Ort Oberndorf liegt auf der Route des Jurasteiges und lockt mit seinen landschaftlichen Reizen vor allem Spaziergänger und Radfahrer an.

Diese sollten hier aber auch einen kurzen Aufenthalt einplanen, um sich eine bauhistorische Besonderheit anzusehen: das älteste bekannte Bauernhaus mit Steinmauern in Deutschland. Der zweigeschossige Flachsattelbau liegt selbstbewusst in der Dorfmitte an der Donaustraße; die Jurabauweise besticht durch eine schnörkellose Formensprache.

Das sehr gepflegte Ensemble ist untrennbar mit der Familie Schröppel verbunden. Die Ahnenforschung der Familie weist nach klösterlichen Quellen auf das Jahr 1447 an Ort und Stelle zurück. Das alleine ist schon ungewöhnlich, doch das heute als Pension genutzte Wohnstallhaus ist noch wesentlich älter: Wissenschaftliche Forschungen haben ergeben, dass die frühesten noch erhaltenen Gebäudeteile auf den Anfang des 12. Jahrhunderts zu datieren sind. Und dabei ist davon auszugehen, dass es noch ältere Vorgängerbauten in Holzpfostenbauweise gab. Diese bis ins Mittelalter üblichen Holzbauten waren aber zu anfällig für Naturereignisse wie das wiederkehrende Donauhochwasser. Auf dem heutigen Schröppel-Anwesen wurde deshalb der Holzbau bereits um 1150 durch massive Steinmauern verstärkt und immer mehr erweitert. Das Anwesen ist damit der vorzeigbare Beweis für den Übergang von überkommener Holzbauweise auf eine steinerne Ummantelung.

Bevor die uralten Gebäude von der Familie Schröppel 2005 bis 2009 grundlegend saniert wurden, gab es eine höchstwissenschaftliche Bauforschung. Die dabei gewonnenen Erkenntnisse waren Grundlage für spätere Auszeichnungen wie etwa den Bayerischen Denkmalpreis.

Im Frühstücksraum der Pension hängen Informationstafeln zum ältesten Bauernhaus in Deutschland. So weiß jeder Gast, dass er in einem besonderen Gebäude nächtigt.

Adresse Donaustraße 56, 93077 Bad Abbach-Oberdorf | **Anfahrt** B 16 Regensburg-Bad Abbach, am Kreisel Bad Abbach zeigt der Wegweiser 3 Kilometer nach Oberndorf, der Weg führt zur Donaustraße | **Tipp** Ebenfalls in der Donaustraße können Sie in der urigen Brauereigaststätte Berghammer beste bayerische Küche genießen. Öffnungszeiten siehe Homepage www.brauerei-berghammer.de.

11 Der Apothekergarten

Eine Fundgrube für Kräuterliebhaber

Sehen, fühlen, riechen – der ansprechende und anspruchsvolle Garten hinter der Hofmark-Apotheke ist über 1.800 Quadratmeter groß, 500 Quadratmeter davon sind Heilkräutergarten. Der gesunde Kraftprotz befindet sich mitten im »Ländlichen Bad«, direkt unter der Kirche Mariä Himmelfahrt. Erleben können die Gäste mehr als 130 Arzneipflanzenarten. Diese sind übersichtlich geordnet und erläutert nach den wichtigsten Anwendungsgebieten der Pflanzenheilkunde und nach naturkundlichen Themenbereichen. Eine wichtige Rolle spielen dabei etwa die Bereiche Nerven und Beruhigung, Stärkung des Immunsystems, Hauterkrankungen, aber auch Haustees, Aromatherapie oder Homöopathie.

Mit dem umfassenden Angebot sollen Schönheit und auch Nutzen der wichtigsten Arzneipflanzen vorgestellt werden, so die Betreiber. Das Hauptaugenmerk liegt dabei »naturgemäß« auf den heimischen Arzneipflanzen.

Angeboten werden von Juni bis August wöchentliche Führungen durch die Arzneipflanzenoase. Dazu kommt ein ganzjähriges Kultur- und Seminarprogramm mit Musik, Kabarett und Farbseminaren, das nicht nur interessierte Rottaler wahrnehmen.

Dafür steht auf dem höchsten Punkt des ansteigenden Geländes ein gemütliches Holzhäuschen zur Verfügung. Überhaupt – neben dem gesundheitlichen Aspekt ist der Apothekergarten auch eine vielfarbige, abwechslungsreiche Augenweide. Das dazugehörige liebevoll renovierte Wohnhaus war einst Pfarrhaus. Der Bad Birnbacher Apothekergarten ist eingebettet in ein gleichnamiges Netzwerk, dem in Deutschland und Österreich etwa 30 Lehr- und Schaugärten angeschlossen sind. Arzneipflanzengärten haben in Mitteleuropa eine lange Tradition. Dabei wurden Heilpflanzen in erster Linie in den Klostergärten des Mittelalters gezogen. Daneben ging es aber auch um ständiges Lernen und Weitergeben von Wissen. Ab der Renaissancezeit gab es dann erste öffentlich zugängliche Schaugärten.

Adresse Bräugasse 2, 84364 Bad Birnbach, www.apothekergarten.de | Anfahrt A 3 Ausfahrt Pocking (die letzte vor Österreich), von hier circa 15 Kilometer auf der B 388 (gut beschildert); oder: A 92 Ausfahrt Landshut-Eggenfelden, Richtung Bad Birnbach | Öffnungszeiten Informationen zu den Veranstaltungen unter www.hofmark-apotheke.de | Tipp In Bad Birnbach soll der Gast mit dem örtlichen Heilwasser in näheren Kontakt kommen. Das Tourismusbüro im »Atrium« gibt dazu jede gewünschte Auskunft.

12 Der Mediationsweg

Entspannung für die Seele

Das eigene Leben bewusster wahrnehmen – dieser Gedanke liegt dem Mediationsweg im Bad Birnbacher Kurpark zugrunde. Dazu gehört auch die Entschleunigung, also das »Auf-die-Bremse-Treten«. Der Kurgast – und natürlich auch jeder andere Besucher – soll hier einfach nur langsam gehen und die Eindrücke aufnehmen. Ob daraus dann Meditation im engeren Sinne wird, ergibt sich individuell, sieben Stationen sind es jedenfalls, die Muße und Anregung genug bieten. Man kann dazu auch eine kleine Broschüre aus der Kulturverwaltung im Atrium am Parkeingang mitnehmen. Diese erläutert in knappen Beschreibungen die einzelnen Stationen.

Das erste markante Ziel ist ein Bodenlabyrinth nach dem entsprechenden Vorbild in der Kathedrale von Chartres. Die Anlage will zu der Überlegung führen, dass der Lebensweg nicht in die Irre führen muss. Vielmehr sollte letztlich die eigene Mitte das Ziel sein. Darüber kann man etwa auf einer der hier stehenden bequemen Parkbänke nachdenken. Nach einem Wegkreuz gabelt sich der weitere Verlauf. Symbolisch wird dadurch deutlich, dass von jedem Einzelnen immer wieder Entscheidungen verlangt werden – eine Erkenntnis, über die sich gerade bei einer Kur das Nachdenken lohnt. Über den Löwenbrunnen und einen Feldstein zum Thema »Gewicht des Lebens« geht es zur leicht gespannten Brücke über einen Teich am südlichen Rand der Therme Bad Birnbach. Diese Brücke steht für Übergänge und Aufbrüche im Leben, für »neue Ufer«, die gesucht werden könnten.

Eindrucksvoll sind dann besonders die beiden letzten Stationen des Mediationsweges. Vor vielen Jahren wurde von zwei Kurgästen als Zeichen ihrer Liebe ein Mammutbaum gepflanzt – er ist mächtig angewachsen. Ein wunderschön angelegter Bauerngarten bietet schließlich »paradiesische Erfahrung«. Überdies bietet sich von hier aus ein ausgezeichneter Ausblick auf die Rottaler Hügellandschaft.

Hier darf dann die Seele baumeln.

Adresse Neuer Marktplatz 1, 84364 Bad Birnbach (Atrium) | **Anfahrt** A 3 Ausfahrt Pocking (die letzte vor Österreich), von da circa 15 Kilometer auf der B 388 (gut beschildert); oder: A 92 Landshut-Eggenfelden, Richtung Bad Birnbach | **Tipp** Im Atrium von Bad Birnbach befindet sich das Lesecafé Sophia. Egal, ob Schmuddelwetter oder Sonnenschein – hier herrscht Entspannung pur (Di Ruhetag).

13_Das Kurorchester

Darf ich bitten?

Nach den manchmal doch anstrengenden Kuranwendungen ist ein Spaziergang durch die 15 Hektar umfassenden Grünanlagen rund um die Thermen eine wahre Entspannung – vielleicht auch noch verbunden mit einem kleinen Tänzchen zu den Melodien des Kurorchesters?

250 Blumenarten erfreuen das Auge, 30 Millionen Blüten sprießen Jahr für Jahr, so listet die Kurverwaltung stolz auf. Die Hälfte des Bad Füssinger Ortsgebietes ist von Bäumen, Blumen oder Grünflächen bedeckt. Zweimal im Jahr wird von der eigenen Kurgärtnerei gepflanzt. Das riesige Blumenmeer entsteht also immer wieder neu und ist »Medizin für die Augen«. Noch nie in der Geschichte des Kurorts haben sich Form und Anordnung der Blütenteppiche wiederholt, so wird versprochen. Auch langjährige Besucher können da nicht widersprechen. Wer will, kann sich nicht nur an der Schönheit erfreuen, sondern sich auch gezielt informieren, etwa in einem Heilkräutergarten.

Rundwege von mehreren Kilometern Länge führen durch und um den Kurpark. Diese Wege sind gepflegt und bieten – wichtig für einen Kurbereich – ausreichend Ruhemöglichkeiten. So gibt es zum Beispiel einen eigenen Lesegarten. Vor dem Kleinen Kurhaus wartet dann der etwas lebhaftere Teil der Parkanlagen. Eine Bocciabahn und ein großes Schachspiel locken die Gäste ebenso wie musikalische Klänge: Das eigene Kurorchester begeistert an sommerlichen Tagen Einheimische und Kurgäste.

Für viele Menschen gehören die Konzerte der 14 hauptberuflichen Ensemblemitglieder aus mehreren Ländern regelmäßig zum Entspannungs- und damit »seelischen« Gesundungsprogramm. Musikalisch bietet das Kurorchester Stücke aus Oper, Operette und Klassik. Aber auch modernere Melodien von Gershwin oder bekannte Musicals beleben das Programm. Das Kurorchester gehört inzwischen zu Bad Füssing wie die Thermen und das 56 Grad heiße Heilwasser.

Adresse Kurhausstraße, 94072 Bad Füssing | **Anfahrt** A 3 Ausfahrt Pocking, Richtung Bad Füssing, Kurzone, ausreichend Parkplätze und Parkhäuser sind vorhanden | **Öffnungszeiten** Jede Woche steht das Bad Füssinger Kurorchester zwölfmal auf der Bühne: Mo, Do, Fr und an den Wochenenden von 10 Uhr bis kurz vor Mittag, außerdem Mo, Mi, Do und an den Wochenenden 15 – 17 Uhr, Mi und So auch um 19.30 Uhr. | **Tipp** Die Wallfahrt zur Leonhardikirche im Ortsteil Aigen gehört zu den ältesten in Bayern. Votivgaben im Untergeschoss des Südturms bezeugen die Bedeutung dieser Wallfahrt.

14 Das Spielcasino

Las Vegas auf Niederbayerisch

Natürlich werden im Casino von Bad Füssing gepflegte Kleidung und ein Jackett erwartet. Krawatte ist aber nicht Pflicht. So heißt es auf jeden Fall in der offiziellen »Kleiderordnung«. Für das Automatenspiel ist der Freizeitlook ausreichend. Über 90 solcher Spielautomaten sind gleich im Erdgeschoss aufgebaut. Der Gast kann in diesem Bereich die Atmosphäre schnuppern und sich damit einstimmen auf weitere Stationen. Das Angebot an den Tischen vermittelt einen Hauch von Internationalität: Es gibt französisches und amerikanisches Roulette oder Blackjack. An den Roulettetischen wird bereits ab einem Euro gespielt – die Grenzen nach oben hin sollte dann jeder für sich selbst ausloten.

In Bad Füssing spielen viele Kurgäste an den Pokertischen. Nach den Anwendungen in den heißen Thermen der Nervenkitzel mit den Karten und den Jetons – das Spielglück will herausgefordert werden.

Die Spielbank in Bad Füssing wurde 1999 eröffnet. Sie sollte im niederbayerischen Grenzgebiet die unmittelbar gegenüberliegende österreichische Konkurrenz etwas im Zaum halten. Der renommierte Münchner Architekt Alexander Freiherr von Branca hat die Pläne zu dem eigenwilligen achteckigen Gebäude entworfen. Das Ziel dabei: die funktionalen Ansprüche einer Spielbank und architektonische Originalität zu vereinen. Auch ein Restaurant mit internationaler Küche ist im Casino untergebracht. Zum Essen gibt es kostenlos einen Blick auf das Spielgeschehen im Großen Spiel.

Insgesamt ist ein bescheiden wirkender Casinobau entstanden, der sich in das Umfeld des wunderbaren Kurparks einpasst. Zu diesem Gesamtensemble gehört auch das ebenfalls unaufdringliche, sich eher nach innen öffnende Große Kurhaus. Auch dieses Zentrum des touristischen Bad Füssing stammt aus dem Büro des Münchner Stararchitekten von Branca. Hier finden große Teile des Bad Füssinger Kulturprogrammes statt.

Adresse Kurhausstraße 1, 94072 Bad Füssing | **Anfahrt** A 3 Ausfahrt Pocking, Richtung Bad Füssing, Kurzone, ausreichend Parkplätze und Parkhäuser sind vorhanden | **Öffnungszeiten** Klassisches Spiel: So – Do 15 – 2 Uhr, Fr, Sa 15 – 3 Uhr; Automatenspiel: So – Do 12 – 2 Uhr, Fr, Sa 12 – 3 Uhr. Über die vielen Veranstaltungen im Großen Kurhaus informiert tourismus@badfuessing.de. | **Tipp** Im Bad Füssinger Bernsteinmuseum, Heilig-Geist-Straße 2, finden Sie das »größte Schachspiel der Welt aus Bernstein« (Tel. 08531/981034).

15 Die Keimzelle Safferstetten

Von den Anfängen des Weltbades

Alles begann mit einer riesigen Enttäuschung: Wie nahezu überall wird im Auftrag der Reichsbodenforschung auch in dem Weiler Safferstetten nach Erdöl und Erdgas gesucht. Die Bohrung erbringt am 5. Februar 1938 sogar ein Ergebnis – allerdings tritt nicht das erhoffte Erdöl zutage, sondern 56 Grad heißes, unangenehm riechendes Thermalwasser. Rasch bildet sich ein Heißwassersee auf den Feldern. Weil den traditionsreichen böhmischen Bädern Karlsbad, Franzensbad und Marienbad keine Konkurrenz entstehen soll, wird die Quelle wieder verschlossen. Das war es dann zunächst mit dem erhofften Wirtschaftswunder im Rottal.

Nach Kriegsende im Jahre 1946 reinigte der Landwirt, auf dessen Grund sich die Quelle befand, mit dem heißen Wasser seine Landmaschinen. Darum gebeten ließ der »Zehnerl-Bauer« dann gelegentlich Nachbarn baden – für einen Obolus von zehn Pfennigen. Allmählich entstand ein kleines Bad auf der Wiese eines Flüchtlingslagers. Immer weiter drang die Kunde von der positiven Wirkung des Wassers ins Land. Die Gäste kamen anfangs noch mit dem Fahrrad, danach begann ein rasanter Aufstieg zum Weltbad. Aus dem kargen Bauernland wurde ein Millionenunternehmen.

Die ersten Kuranlagen wurden im Jahre 1955 errichtet. Seit 1961 bildet ein Kurmittelhaus den Anlaufpunkt für die explosionsartig steigende Zahl an Kurgästen. Weitere Quellen wurden erschlossen, ein weitläufiger Kurpark angelegt, weitere Bäder kamen dazu. Im Dezember 1969 erhielt Füssing schließlich den Titel »Bad« und heißt seither Bad Füssing. 1979 wurden erstmals mehr als zwei Millionen Übernachtungen registriert. Und Safferstetten, die Keimzelle der beispiellosen Entwicklung? Der Ort ist aufgegangen im groß und reich gewordenen Bad Füssing mit seinen etwa 6.500 Einwohnern. Einige alte Bauernhäuser sind geblieben – als Fotomotive zwischen Hotels.

Adresse 94072 Bad Füssing-Safferstetten | Anfahrt A 3 Ausfahrt Pocking, B 12 Ausschilderung Bad Füssing, Kurzone, es gibt genügend (auch kostenlose) Parkhäuser und Parkplätze | Tipp Ein Ausflug ins nahe oberösterreichische Kloster Reichersberg bietet Kulturgenuss und Gaumenfreude. Die Vinothek mit Klosterweinen ist äußerst empfehlenswert (www.stift-reichersberg.at).

16 Der Teufelsfelsen

Uraltes Naturschauspiel im Reuterer Wald

Der Weg zu Naturschauspielen führt nicht selten über Sagen. Diese mündlichen Überlieferungen versuchen zu deuten, was auf den ersten Blick unerklärlich scheint.

So zum Beispiel, dass auf dem Rundweg im Reuterer Wald zwei massive Felsbrocken aufeinanderliegen, die menschliche Muskelkraft nicht in diese Position bringen konnte.

Der Sage nach flog einst der Teufel persönlich mit einem großen Felsbrocken über das Waldstück in der Nähe von Bad Griesbach. Er wollte mit seiner schweren Fracht das ungeliebte Kloster Tettenweis zerstören. Weil allerdings die Glocken der Kornberger Kirche heftig und anhaltend zu läuten begannen, ließ der erschrockene Satan seine Last ins Gehölz fallen.

Hier liegen nun also seit ewigen Zeiten zwei wuchtige Steinbrocken schräg übereinander: Der eine sechs Meter lang und zwei Meter breit, der darunterliegende etwas kleiner. Zusammen bilden die Steine den Teufelsfelsen. Durch ihre Lage ist zwischen ihnen eine kleine Höhle entstanden, durch die der Wanderer etwas gebückt hindurchgehen kann. Die Höhle soll früher sogar so groß gewesen sein, dass ein Fuhrwerk durchfahren konnte. Vielleicht ist aber auch dies eine Deutung aus dem Reich der Fabeln. Wahrscheinlicher ist es, dass die Felsenhöhle frühen Jägern und Sammlern als Unterschlupf gedient hat. Es ist auf jeden Fall ein beinahe mystischer Ort.

Auf der Platteninnenseite sind in Bodennähe bei günstigem Licht Felsmalereien zu erkennen: eine gut meterhohe Habergoaß (Ziegenbock) und andere kleine tanzende Figuren. Durch den Moosbewuchs sind sie aber wirklich nur sehr schwer auszumachen. Bei Ausgrabungen wurden in der Nähe des Teufelsfelsens uralte Steinwerkzeuge gefunden. An dem geheimnisvollen Ort sollen sich auch die »Haberfeldtreiber« getroffen haben. Dies waren schwarz gekleidete und angestrichene Geheimbündler, die Ehebruch oder Heuchelei öffentlich anprangerten.

Adresse Stadtplatz, 94086 Bad Griesbach | **Anfahrt** A 3 Ausfahrt Garham/Vilshofen, Richtung Ortenburg, circa 20 Kilometer bis Bad Griesbach. Zur Haberkirche von der Ortsmitte Griesbachs in Richtung Waldlehrpfad fahren. Auf dem bewaldeten Hügel im Osten liegt ein Parkplatz mit einem Kinderspielplatz. Von hier sind es noch etwa 10 Minuten Fußweg. | **Tipp** In Bad Griesbach werden Segway-Touren angeboten. Eine »erhöhte« Möglichkeit, um die Umgebung kennenzulernen.

17 Das Bruder-Konrad-Haus

Eine Hofstelle als Wallfahrtsstätte

Der Venus-Hof, eine 1750 erbaute Vierseitanlage, ist ein stolzer Rottaler Bauernhof. Zu spüren ist eine gediegene Bodenständigkeit, vielleicht sogar ein gewisser Wohlstand. Hier wird im Jahre 1818 Johann Birndorfer als elftes von zwölf Kindern in eine Bauernfamilie hineingeboren. Den imposanten Hof in Parzham übernimmt der junge Mann nach dem frühen Tod der Eltern. Hier lebt und arbeitet er – allerdings mit Zweifeln an diesem Tun. Seine Frömmigkeit beeindruckt die Nachbarschaft. »Wenn der kein Heiliger wird, wird es niemand«, so heißt es bald.

Heute sind Gotteshäuser, Schulen oder auch Straßen und Alleen nach Konrad benannt. Sein Geburtszimmer und auch die Schlafkammer sind unverändert erhalten. Die übrigen Räume wurden mit Möbeln und auch mit Gebrauchsgegenständen aus dem frühen 19. Jahrhundert ausgestattet. Die großzügige »Stube« weist noch den Herrgottswinkel auf. Im südlichen Nebengebäude wird in einem Museum der Lebensweg des frommen Jünglings nachgezeichnet: Er unternimmt viele Wallfahrten – etwa ins nahe Aigen am Inn. Sein Beichtvater weist ihm schließlich den ersehnten Weg ins Kloster. Johann Birndorfer übergibt seinen Geschwistern den Hof und tritt 1849 in den Kapuzinerorden in Altötting ein. Über 40 Jahre lebt er als Mönch mit dem Ordensnamen Konrad. Dabei verrichtet er seinen Dienst als Pförtner im Kloster St. Anna, dem heutigen St.-Konrad-Kloster. Berichtet wird, dass er auch das Wenige, das er besaß, verschenkte. 1930 sprach die katholische Kirche Bruder Konrad selig, bereits vier Jahre später wurde er von Papst Pius XI. heiliggesprochen.

Die Geburtsstätte des Heiligen blieb zunächst im Besitz der Verwandtschaft. 1971 kaufte der Bruder-Konrad-Verein Parzham e. V. das Bauwerk und errichtete eine Wallfahrts- und Gedenkstätte. Dargestellt ist Konrad auf Andachtsbildern stets mit einem langen weißen Bart und einer einfachen Kapuzinertracht.

Adresse Parzham 4, 94086 Bad Griesbach-Parzham | Anfahrt A3 Ausfahrt Garham/Vilshofen, Richtung Ortenburg, circa 20 Kilometer bis Bad Griesbach, vom Stadtplatz aus der Beschilderung nach Weng/Parzham folgen, Parkplätze vor der Gedenkstätte | Öffnungszeiten Mo–Sa 9–18 Uhr (1. Nov.–31. März 10–16 Uhr), So und Feiertag 12–18 Uhr (1. Nov.–31. März 12–16 Uhr), Eintritt frei, Führungen jederzeit möglich; weitere Informationen finden Sie unter www.bruder-konrad-hof.de | Tipp Im deutschsprachigen Raum als einmalig gilt das Ökumenische Zentrum »Emmaus« in Bad Griesbach-Therme. Die Emmauskirche besitzt zwei größere Glocken, die nach Martin Luther und nach Bruder Konrad benannt wurden.

18 Der Soccerpark Bayern

Fußballgolf auf dem Land

Die Verbindung von Fußball und Golf zu einer neuen Sportart ist hauptsächlich in Skandinavien bekannt. Dass auch im niederbayerischen Landkreis Landshut eine professionelle Fußballgolfanlage steht, ist mindestens ungewöhnlich. Eigentlich ist sie nur unter Insidern bekannt. Was also passiert auf der 25.000 Quadratmeter großen Anlage in Willaberg?

Fußballgolf wird wie Golf auf 18 Bahnen gespielt. Diese sind unterschiedlich lang – von 25 bis über 200 Meter und hier in Willaberg in eine hügelige Landschaft mit prächtigem Alpenpanorama eingebettet. Der verwendete Ball wird mit dem Fuß – also ohne Schläger – vom Boden aus gespielt. Mit möglichst wenigen »Abschlägen« soll er bis zum Loch befördert werden. Damit das alles nicht zu einfach ist, gibt es natürlich verschiedene Hindernisse auf dem Weg zum Ziel. Dies sind Baumbestände, aufgespannte Netze oder auch tiefes Gras. Jede Berührung des Balles wird als Schuss gezählt. Trifft der Ball ins »Rough« (hohes Gras), so darf er von dort aus weitergespielt werden. Manchmal könnte man auch sagen: Er muss von dort weitergespielt werden.

Betreiber Franz Ohneis geht davon aus, dass ein vollständig absolvierter Durchgang etwa zwei Stunden dauert. Im Idealfall soll dies ein Spaß für die ganze Familie sein, das Spiel erfordert aber schon eine gewisse Grundkondition. Ist der langjährige Fußballspieler dabei im Vorteil? Franz Ohneis meint dazu etwas sibyllinisch: »Nicht immer.« Vielmehr sei es so, dass das »ehrliche Bemühen jedes einzelnen Spielers zählt«. Fußballgolf kommt ohne Schiedsrichter aus – der Ball ist schließlich eingelocht, wenn er innerhalb des 80 Zentimeter großen Lochumfangs zur Ruhe gekommen ist »und nicht mehr rausspringen kann«. Der Spieler mit den wenigsten Punkten hat das Spiel gewonnen. Also – viel Spaß beim Fußballgolf in Niederbayern. Das gilt natürlich auch und besonders für Fußballerinnen.

Adresse Willaberg 3, 84155 Bodenkirchen-Willaberg, www.soccerparkbayern.de | Anfahrt A 92 Ausfahrt Landshut Nord, auf B 299, Kreisverkehr Vilsbiburg nach Altötting, dann auf B 388 Richtung Altötting, nicht nach Vilsbiburg hinein, sondern auf Umgehungsstraße bleiben, bei Kreisverkehr Aich weiter in Richtung Altötting (nicht nach Bodenkirchen), dann nach Möslreit/Willaberg | Öffnungszeiten 30. März–31. Okt. Sa, So und Feiertage ab 9.30 Uhr bis 2 Stunden vor Sonnenuntergang; Mi–Fr ab 13 Uhr bis 2 Stunden vor Sonnenuntergang, Näheres unter www. freizeitland-willaberg.de | Tipp In der nahe gelegenen Stadt Vilsbiburg wurden in den Jahren 2011 und 2013 zwei Bildhauersymposien organisiert. Dabei sind sechs Kunstwerke entstanden, die an verschiedenen Standorten um die Innenstadt aufgestellt sind und seither den öffentlichen Raum bereichern.

19 Die Brücke über die Donau

Mit »europäischem Gardemaß« von Ufer zu Ufer

Mit einer Länge von 456 Metern zählt die hellgraue, fast weiß wirkende Fußgängerbrücke in Deggendorf zu den längsten Geh- und Radwegbrücken in ganz Europa. Erbaut wurde sie gemäß dem Motto: »Brückenschlag Donau – Ufer verbinden, Grenzen überwinden«. Ausgangspunkt für die Realisierung war die Bayerische Landesgartenschau 2014, ein touristischer Glücksgriff für das gesamte Deggendorfer Land.

Entscheidend für die Ausführung als Stahlfachwerkbrücke war die unmittelbare Nachbarschaft zur bestehenden gleichartigen Eisenbahnbrücke – die Pfeiler des Vorgängerbaus wurden teilweise mitgenutzt. So können die beiden Brücken durchaus als ein zusammengehöriges Ensemble gesehen werden. Fachleute sprechen von einem »Kathedralen-Charakter« des neu errichteten Bauwerks. Die optische Tunnelwirkung entsteht durch die komplizierte Konstruktion. An der Brücke verläuft fast keine Linie gerade. Dies gilt etwa für den Holzbohlenboden aus Lärchenholz, der sich zur Mitte hin verjüngt. Überdies ist die stählerne Fachwerkkonstruktion nach innen geneigt, was die Raumwirkung noch weiter verstärkt.

Die Brücke ist überaus »lebendig« und zeitgemäß. Sie verbindet die auf den Hochwasserdeichen angelegten Geh- und Radwege auf beiden Seiten der Donau. Für Radfahrer aus dem Siedlungsgebiet westlich der Bahnlinie ist so eine deutliche Abkürzung in Richtung Fischerdorf/Natternberg entstanden. Damit konnte nebenbei die Attraktivität des Radverkehrs im Stadtgebiet gesteigert werden. Als Teil der »Grünen Achse« wurde durch die neue Überführung auch die Anbindung an die Nachbarstadt Plattling verbessert.

Zudem liegt die Brücke im Schnittpunkt überregionaler Radwegachsen wie des Waldbahnradweges, des Isarradweges oder des Donauradweges.

Adresse An der Ackerloh, 94469 Deggendorf (Parkhaus Deichgärten) | Anfahrt A 3 oder A 92 Ausfahrt Deggendorf-Mitte, Richtung Innenstadt, Parkhaus Deichgärten | Tipp Der nahe gelegene Lallinger Winkel ist ein viel gerühmtes Obstanbaugebiet. Sein landschaftlicher Reiz ist überdies herausragend. Seit einiger Zeit gibt es auch einen Feng-Shui-Park.

20 Die Deichgärten

Naturnah parken

Eine Parkgarage, auf deren ausgedehnter Dachlandschaft eine lebendige Landschaft aus Blumen und Sträuchern das Auge erfreut, ist nicht alltäglich. Dass dies möglich wurde, hängt auch mit der Großen Landesgartenschau zusammen, die 2014 gut 800.000 Zuschauer nach Deggendorf gelockt hat. Die Deichgärten wurden in enger Abstimmung zwischen dem Architekten des darunterliegenden Parkdecks und dem Landschaftsarchitekten konzipiert. Die gesamte Anlage ist in den Hochwasserdeich der Stadt hineingebaut. So sind 435 Abstellplätze für Autos entstanden. Von hier aus können dann die Deichgärten über vier Treppenaufgänge erreicht werden.

Dabei wurde das Parkdeck mit einer farbigen Fassade aus einbrennlackierten Aluminiumprofilen geschmückt. Durch die Farbpalette mit Grün-, Gelb- und Hellgrautönen ist eine Verbindung des Gebäudes mit der umliegenden Landschaft entstanden. Besonders raffiniert: Die Aluminiumprofile der Fassade sind so angeordnet, dass sie, in Anlehnung an die Donau, ein sich veränderndes Wellenbild zeigen. Als Begrünung vor dem Parkdeck wurden Beete mit Sträuchern angelegt.

Mit dem »Donauspiel« befindet sich auf dem Parkdeck ein exzellenter Spielbereich. Ein blaues Band aus elastischem Kunststoff fungiert dabei als Donau, die in variierenden Höhen und Ausdehnungen durch die gesamte Fläche zwischen Böschung und Promenade mäandert. Die Spielstationen symbolisieren die am Flussverlauf gelegenen Städte bis zum Mündungsgebiet am Schwarzen Meer. Die Deichgärten präsentieren sich damit als eine Landschaft aus bewegten, sanft schwingenden Pflanzflächen in einer der Natur nachempfundenen Topografie.

Das Parkdeck hat nicht zuletzt die prekäre Parkplatzsituation im Bereich des Festplatzes Ackerloh entschärft – auch die Studierenden der Technischen Hochschule Deggendorf (eine der erfolgreichsten Hochschulgründungen der letzten Jahrzehnte) sind dankbar.

Adresse An der Ackerloh, 94469 Deggendorf | Anfahrt A 3 und A 92, Ausfahrt Deggendorf, Richtung Innenstadt, vorher rechts bei der Stadthalle, Parkhaus Deichgärten | Tipp Im Veranstaltungszentrum »Kapuzinerstadl«, einer profanierten Ordenskirche, werden Kulturaktivitäten angeboten. Das Spektrum reicht von Jazz, Kammermusik, Tanz, Diavorträgen bis zu Kunstausstellungen (kapuzinerstadl@deggendorf.de).

21 Die Knödelwerferin

Ein Stadtbrunnen mit launiger Geschichte

Die lebensgroße Frauenplastik in der Schlachthausgasse im Altstadtviertel zeigt sich auf ihrem Sockel amazonenhaft mutig. Mag er sich nur trauen, der Feind! Er trifft hier auf heftigen, um nicht zu sagen deftigen Widerstand.

Weil die resolute Frau des Deggendorfer Bürgermeisters einst einen feindlichen Späher mit einem frisch zubereiteten Knödel in die Flucht schlug, wurde die Stadt vor einer feindlichen Erstürmung bewahrt. Die Frau wollte eigentlich nur den in der Verteidigungsstellung auf einen böhmischen Überraschungsangriff wartenden Männern das Essen bringen. Da sah sie den neugierigen Späher und warf ihm kurz entschlossen einen Knödel ins Gesicht.

So besagt es auf jeden Fall eine Sage aus dem 13. Jahrhundert. Bedrohliche Truppen aus Böhmen sollen demnach die Belagerung abgebrochen haben und frustriert abgezogen sein. Die plausible Erklärung dafür: Die Knödelattacke der Bürgermeisterfrau hatte überdeutlich gezeigt, dass die Stadtbewohner noch über so viel Essen verfügten, dass sie damit sogar werfen konnten. Und die Brunnenplastik der Hengersberger Bildhauerin Erika Einhellinger zeigt dies deutlich: Es sind immer noch Knödel in der Schüssel.

Doch damit nicht genug geknödelt: Eine weitere Sage kommt ins Spiel. Im 19. Jahrhundert soll ein Durchreisender die am Rathaus angebrachten Strafinstrumente ziemlich herablassend und spöttisch als »Knödel« bezeichnet haben. Die Stadt nannte er sogar Knödelstadt. Das trug den Bewohnern Spott und Hänseleien ein.

Mittlerweile gehen die Deggendorfer sehr souverän mit ihrem Knödelimage um. Im aufwendig aufpolierten Altstadtviertel gibt es nicht nur den selbstironischen Brunnen:

Zusätzlich lassen sich die Einheimischen zum Kaffee gerne einen Deggendorfer Knödel aus Biskuitteig schmecken, oder sie gehen in einem Knödelexpress in andere Länder auf touristische Werbetour. Wo ein Knödel ist, ist also auch ein Weg!

Adresse Schlachthausgasse, 94469 Deggendorf | Anfahrt A3 oder A92 Ausfahrt Deggendorf, Stadtmitte, der Brunnen steht im Altstadtviertel. Es gibt genügend Parkhäuser in der Innenstadt. | Tipp Auf dem 30 Meter langen erhaltenen Reststück der Stadtmauer aus dem 14. Jahrhundert befindet sich noch ein gut erhaltener Wehrgang.

22 Das Schiffmeisterhaus

»Leitstelle« an der Donau

Das Schiffmeisterhaus von Deggendorf war schon im Hochmittelalter ein Orientierungspunkt für die Schifffahrt. Der Grund: Hier konnte man ans andere Ufer übersetzen. Die angekommenen Güter wurden umgeladen und ins Hinterland weitertransportiert. Das später denkmalgeschützte Schiffmeisterhaus zählt zu den ältesten Bürgerhäusern in der Stadt. Es steht an einem frühen Verkehrsknotenpunkt und spielte für den näheren Wirtschaftsraum eine herausragende Rolle. Heute weisen knapp gehaltene Informationstafeln auf die einstige Bedeutung hin.

Seine aktuell zu sehende Gestalt bekam das Schiffmeisterhaus im östlichen Deggendorf im 18. Jahrhundert. Besonders die himmelwärts strebenden Treppengiebel verleihen dem Bauwerk einen besonderen Charakter und machen es zu einem Hingucker in der heutigen Wohngegend.

Die ansässigen Schiffmeister organisierten vom 17. bis zum 19. Jahrhundert von hier aus den Gütertransport auf der Donau. Sie galten als sehr wohlhabend und waren die Eigentümer von oft mehreren Schiffen. In den hoch aufragenden Speicherräumen des Schiffmeisterhauses wurden Salz und Getreide gelagert. Die Schiffmeister verdienten auch daran nicht wenig. Kriegerische Zeiten erschwerten und beendeten schließlich die Prosperität: Im Dreißigjährigen Krieg brannte der Dachstuhl ab, die Bausubstanz wurde während des Österreichischen Erbfolgekrieges schwer beschädigt.

Besonnene Kulturförderer fanden schließlich eine zeitgemäße Nutzung: Das Wasserwirtschaftsamt Deggendorf widmete das denkmalgeschützte Gebäude 2008 in ein Veranstaltungszentrum um. Das imposante Obergeschoss mit seinem historisch bedeutenden Dachstuhl steht für Veranstaltungen und Tagungen zur Verfügung. In den anderen Räumlichkeiten kann die geschichtliche Entwicklung des Hauses bildhaft nachvollzogen werden, und es gibt Platz für wechselnde Ausstellungen.

Adresse Schiffmeisterweg 12, 94469 Deggendorf, www.schiffmeisterhaus.de | Anfahrt A 3 und A 92 Ausfahrt Deggendorf, an Stadthalle vorbei, St 2125 Hengersberger Straße, nach Donaubrücke rechts in Schiffmeisterweg | Öffnungszeiten April–Okt. Di–So 10–16 Uhr; Nov.–März Di–Fr 10–16 Uhr; nach Absprache auch Führungen außerhalb der Öffnungszeiten | Tipp Die gotische Grabkirche im Zentrum von Deggendorf wurde von Johann Michael Fischer, einem der bekanntesten Barockbaumeister seiner Zeit, ausgeführt.

23 Die Turmwohnung

Hoch oben, die Stadt im Blick

Eines der Wahrzeichen von Deggendorf ist das Alte Rathaus mit seinem 54 Meter hohen gotischen Turm. Dieser imponierende Baukörper teilt die historische Innenstadt in zwei pulsierende Hälften. Zum Ausdruck kommt in dem stolzen Bau auch der Geist der Renaissance, also das allgemein angewachsene Selbstbewusstsein der bürgerlichen Gesellschaft. Mehr Eigenverantwortlichkeit drücken auch die beiden durch Ketten verbundenen Steinkugeln aus, die an der Südfassade des Rathauses hängen. Entweder – so die Deutung – sind die »Schandkugeln« ein Folterinstrument des späten Mittelalters oder sie waren ein wirkungsvolles, abschreckendes Kriegsgerät.

Der Mitte des 14. Jahrhunderts erbaute Turm wurde vorrangig zur Sicherung der Stadt genutzt. Die regelmäßige Turmwache wurde erst 1919 eingestellt. Das Bauwerk bietet dem heutigen Besucher einen weitreichenden und wunderschönen Überblick über die Kreisstadt, ihre Plätze und das weitgehend intakte Umland. Zu beachten sind auch die am Treppengiebel angebrachten Steinplatten mit dem Stadtwappen aus der Erbauungszeit.

Im Turm selbst ist neben der historischen Feuerglocke und dem Uhrwerk auch die nachgebaute Türmerstube zu sehen. Mit verklärter Romantik hatte dies damals allerdings wenig zu tun. Vielmehr verdeutlicht die Türmerstube, wie beengt mittelalterliches Wohnen sein konnte.

Bei einer Führung in diesem Bereich der »Deggendorfer Höhenluft« wird die Tätigkeit des Türmers erklärt. Der Mann hatte entscheidende Verantwortung für Wohl und Wehe der Ansiedelung. Von seiner Behausung aus blickt der heutige Besucher auf das historische Altstadtviertel, die Fußgängerzone am Oberen Stadtplatz und auf den neu gestalteten Luitpoldplatz. All diese Orte animieren zum Stadtbummel. Nach offiziellen Quellen bieten im Innenbereich von Deggendorf 500 Geschäfte aller Branchen ihre Waren und Dienstleistungen an.

Adresse Oberer Stadtplatz, 94469 Deggendorf | Anfahrt A 3 oder A 92 Ausfahrt Deggendorf, Stadtmitte, es gibt genügend Parkhäuser in der Innenstadt | Öffnungszeiten Besichtigung nur im Rahmen einer Stadtführung, Kontakt: Touristinformation, Tel. 0991/2960535 | Tipp In der Innenstadt am Maria-Ward-Platz ist das Handwerksmuseum – das einzige dieser Art in Niederbayern. Acht Abteilungen geben einen Überblick über die Kulturgeschichte des regionalen Handwerks (geöffnet Di – Sa 10 – 16 Uhr, So 10 – 17 Uhr).

24 Der Bruckstadel

Modernes Tourismuszentrum mit Vergangenheit

Breit und wuchtig behauptet der Bruckstadel im Bereich des mittelalterlichen Vorortes Fischerei auch in der neuen Zeit seinen Platz. Ein imponierendes Tor mit Doppelflügeln bildet den bequemen Einlass. Das Informationszentrum des Großraumes Dingolfing hält in den behutsam sanierten Räumlichkeiten seit 2004 alle nötigen Unterlagen für den Feriengast bereit: In erster Linie sind das natürlich Prospekte mit touristischen Angeboten. Der Besucher kann am Tresen Stadtführungen zu den zahlreichen Sehenswürdigkeiten des Umlandes buchen. Es gibt aber – nicht zuletzt für die Menschen in der Region – auch erläuternde Schriften zu heimatlichen kulturellen Zusammenhängen.

Man darf das freundliche Personal auch gern einfach mal nach einem »Geheimtipp« fragen oder nach einem der immer noch preisgünstigen Hotels und Herbergen. Der historische Bruckstadel ist außerdem ein gut gebuchter Veranstaltungsraum. Das Obergeschoss wird für Ausstellungen, Konzerte oder Lesungen genutzt. Es ist reichlich Platz vorhanden für mehr als einhundert Personen.

Das Informations- und Veranstaltungszentrum ist aber selbst eine historische Sehenswürdigkeit. Der 250 Jahre alte Bruckstadel war einst Dienstsitz des Mautners, also eine Art Zollstelle. Bereits im 13. Jahrhundert hatten sich nahe dem Isarufer die Berufsfischer angesiedelt. Deshalb auch der Name »Fischerei« für die einstige Vorstadt. Der Fischreichtum und der attraktive Salzhandel auf dem Wasserweg haben Dingolfing bereits im Mittelalter zu einer der erfolgreichsten Marktansiedelungen weit und breit gemacht.

Fisch und Salz spielen zwar heute keine nennenswerte Rolle mehr – aber die Stadt ist immer noch sehr wohlhabend. Zur wirtschaftlichen Prosperität tragen der Automobilhersteller BMW und andere Weltmarktlieferanten bei. Durch die üppigen Gewerbesteuereinnahmen können etwa die Kindergartengebühren auf niedrigstem Niveau gehalten werden.

Adresse Fischerei 9, 84130 Dingolfing | Anfahrt A 92 Ausfahrt Dingolfing, oder: St 2074 (ehemalige B 11), St 2327 und St 2111, Ortsteil Fischerei | Öffnungszeiten April – Okt. Mo – Fr 14 – 18 Uhr, Sa 10 – 15 Uhr; Nov. – März Mo – Fr 14 – 18 Uhr, Termine auch nach Vereinbarung, Tel. 08731/327100 | Tipp Das Dingolfinger Freizeitbad Caprima sucht nah und fern seinesgleichen. Erholung und Spaß sind garantiert.

25 Die Herzogsburg

Musealer Blickfang in der Oberen Stadt

Die reich gegliederte Fassade der Dingolfinger Herzogsburg ist eine stilistische Augenweide. Besonders augenfällig sind dabei die eleganten Treppengiebel im Westen sowie im Osten des Gebäudes. Im Inneren ist die Bausubstanz des 16. Jahrhunderts erhalten. Der rechteckige Backsteinbau wurde ursprünglich im Obergeschoss von den Herzögen und im Erdgeschoss als Dienstwohnung des Kastners genutzt.

Das gesamte Museumsquartier vereint drei Gebäude: die Herzogsburg, den benachbarten Pfleghof sowie den »Kasten«, das ehemalige Getreidelager. Seit dem Beginn der musealen Nutzung im Jahr 2008 zeigen und erklären alle drei Gebäude die lokale Stadt- und Kulturgeschichte von den Anfängen bis zur Gegenwart. Der Schwerpunkt gilt im alten Kasten auf 1.000 Quadratmetern der einzigartigen industriellen Entwicklung von Dingolfing. Dazu gehört auch die Tatsache, dass die Stadt lange Zeit eine ausgeprägte Handwerkerstruktur aufwies, dann aber 1880 mit der Eröffnung der Bahnlinie ihre Entwicklung hin zur Industrie starten konnte.

Untrennbar mit der Gemeinde verbunden ist zudem die Erfolgsgeschichte der Firma Glas und ihres bundesweit bekannten Kultfahrzeuges »Goggomobil«. 1905 gegründet, ging das Unternehmen nach Marktturbulenzen schließlich 1966 in die BMW AG über. Damit begann ein märchenhafter Aufstieg für die Stadt Dingolfing. Heute ist der Autobauer BMW mit rund 20.000 Beschäftigten im Werk Dingolfing der größte Industriestandort in Niederbayern. Die damit verbundenen Gewerbesteuereinnahmen sind hochwillkommen.

Neben den ständigen Ausstellungen gibt es im Museumsquartier auch stilvolle Räumlichkeiten für zeitgemäße kulturelle und gesellschaftliche Nutzung. Ein Café / Restaurant rundet das Angebot ab. Was auch außergewöhnlich ist: Alle standesamtlichen Eheschließungen der Stadt Dingolfing finden in der altehrwürdigen Herzogsburg statt. Paare aus nah und fern »trauen« sich gerne hier.

Adresse Obere Stadt 19, 84130 Dingolfing | Anfahrt A 92 Ausfahrt Dingolfing West, Richtung Obere Stadt | Öffnungszeiten Di–Do 13–17 Uhr, Fr–So, Feiertage 10–17 Uhr | Tipp Nach dem Industriepionier Hans Glas ist in Dingolfing nicht nur eine Schule benannt, sondern es gibt auch ein Denkmal in der Bahnhofstraße.

26 Die Innenstadtbrunnen

Sag's durch die Kunst

Da gehört schon auch eine gute Portion niederbayerische Selbstironie dazu: Auf einem Granitsockel vor dem Rathaus persifliert der beliebteste Dingolfinger Brunnen den oft zitierten »Amtsschimmel«. Er ist einer jener Erzählbrunnen, die den Eggenfeldener Bildhauer Josef Michael Neustifter weit über seine engere Heimat hinaus bekannt gemacht haben. Dargestellt wird süffisant das effektive Arbeiten in einer Verwaltung. Die Beamten tragen die Akten von Instanz zu Instanz nach oben. Sind sie dort angekommen, werden die Vorgänge achtlos wieder nach unten geworfen, und das Spiel beginnt von vorne. Auf der Rückseite des Brunnens sieht der Bürgermeister dem Treiben ohne sichtbare Anteilnahme zu. Die Begründung der echten Kommunalverwaltung für die Motivwahl ist dabei schlitzohrig: Die Stadt Dingolfing habe den »Amtsschimmel« vor das Rathaus gestellt, in der Verwaltung drinnen liefen die Geschäfte natürlich vollkommen anders ab, also geordnet und gewissenhaft. Im Innenstadtbereich gilt dem Brunnen besonderes Augenmerk. Die pfiffigen Touristiker haben sich wegen der Anzahl und Originalität der Innenstadtbrunnen sogar eine Führungsreihe für Interessierte einfallen lassen.

Fast zwanzig Brunnen und Wasserspiele gibt es in Dingolfing. Sie wirken sich nicht nur äußerst positiv auf das Stadtbild aus, sondern bieten auch eine Möglichkeit, sich zu amüsieren oder an heißen Tagen die Stirn mit Wasser zu benetzen. Jeder der Stadtbrunnen steht in Beziehung zu seinem jeweiligen Umfeld. So spiegeln diese Kunstwerke das historische Platzgeschehen wider, oder sie nehmen die städtische Bedeutung des jeweiligen Standortes auf spielerische Weise auf. Und es gibt noch einen weiteren Grund für die wiedererstandenen Brunnen: Seit die Wasserleitungen das Nutzwasser zunehmend direkt in die Haushalte brachten, verschwanden auch die öffentlichen Brunnenanlagen immer mehr aus den Ortsbildern. Wie schön ist es dagegen, wenn sie – kunstvoll gestaltet – wieder in den öffentlichen Raum zurückkehren.

Adresse Dr.-Josef-Hastreiter-Straße 2, 84130 Dingolfing | **Anfahrt** A 92 Ausfahrt Dingolfing, oder: St 2074 (ehemalige B 11), St 2327 und St 2111, Richtung Innenstadt | **Tipp** Zwischen Dingolfing und Eggenfelden erstreckt sich im Bereich von Reisbach auf einer Fläche von 250.000 Quadratmetern der »Bayernpark«. Hier gibt es Freizeitangebote für die ganze Familie.

27 Der Stinkerturm

Ein anrüchiges Verlies in der Stadtmauer

Der historische Stinkerturm zeigt sich halbrund mit einem Kegeldach, das wie ein Hut ohne Krempe aussieht. Dieses Kegeldach des Backsteinwerkes ist mit Holzziegeln abgedeckt – eine baulich-architektonische Besonderheit. Der Stinkerturm war und ist Teil der mittelalterlichen Stadtbefestigung von Dingolfing. Auch heute blickt er noch trutzig über die Stadt. Seit 1997 ist der Bau städtisches Eigentum, einst diente er auch als Arrestzelle für unbotmäßige Bürger. Stadtführungen führen regelmäßig zu dem Turm mit dem anrüchigen Namen. Dabei werden auch die zwei Varianten der Namensgebung erzählt: Zum einen heißt es, dass die hier einstmals eingesperrten Bürger ihre Notdurft an Ort und Stelle verrichten mussten, weil es keine anderen Möglichkeiten gab. Verständlich also, dass von dem Ort ein übler Gestank ausging. Nach der andern Deutung bezeichnete man früher die kriminellen Häftlinge geringschätzig als »stinkende« Leute. Beide Geschichten klingen plausibel – keine hat allerdings das verbriefte Recht auf Richtigkeit.

Neben dem Stinkerturm gehört auch der Storchenturm zur Stadtmauer, ein verputzter Backsteinturm aus dem 15. Jahrhundert. Zu seinem Namen kam er, weil sich darauf bis ins 19. Jahrhundert ein Storchennest befand. Im Jahre 1905 bekam er ein reizvolles Zeltdach aufs Haupt aufgesetzt.

Wesentlicher Teil der erhaltenen Stadtmauer ist zudem die Hochbrücke. Sie führt von der Oberen Stadt nach Süden über den Asenbach. Mit ihren fünf Ziegelbogen ist sie über 50 Meter lang und 5,60 Meter breit. Den Abschluss bildet ein Zufahrtstor mit drei Zinnen. Das gesamte Mauerwerk der Brücke besteht aus handgeschlagenen Ziegeln. Im Rahmen einer umfangreichen Instandsetzung im Jahre 1966 wurden rund 10.000 Ziegel eigens neu angefertigt. Auf Höhe der Brückenmitte befindet sich in einem kleinen, gemauerten Häuschen eine Figur des heiligen Nepomuk, des Brückenheiligen.

Adresse Am Herrenweiher, 84130 Dingolfing | Anfahrt A 92 Ausfahrt Dingolfing, oder: St 2074 (ehemalige B 11), St 2327 und St 2111, Richtung Innenstadt | Tipp In der Pfarrkirche St. Johannes hängt ein überlebensgroßes Kruzifix vom Vierungsgewölbe, der »kolossale Herrgott von Dingolfing«. Die Kirche zählt zu den bedeutendsten gotischen Kirchen Niederbayerns.

28_Der Narrenbrunnen

Ein »löcheriger Brunnen« als Treffpunkt

Etwa 20.000 Besucher aus ganz Deutschland kommen jährlich nach Teisbach, um hier am Faschingssonntag den großen Umzug zu erleben. In der nach Dingolfing eingemeindeten Narrenhochburg feiern seit Ende des 19. Jahrhunderts nicht nur »unermüdliche Ritter des Prinzen Karneval«, sondern alle Bewohner sind begeistert dabei. Da den Teisbachern der Schalk im Nacken sitzt, lag es nahe, das Thema »Narr« mit einem Brunnen aufzugreifen. Die Brunnenaffinität im gesamten Stadtgebiet von Dingolfing war ja ohnehin vorhanden.

Es galt nur noch, die Themen Wasser und Narretei miteinander zu verbinden.

Die Dingolfinger Bildhauerin Jutta Wimmer hat dies 2004 mit einem Dorfpumpbrunnen geschafft. Die Absurdität besteht darin, dass ein Narr Wasser holen will – dass er aber dazu einen Eimer benutzt, der im Boden zahlreiche Löcher hat. Angesichts seines offenkundig sinnlosen Tuns springt der Narr nach vorne in den Brunnen und blickt ungläubig staunend hinein. Allerdings einerlei, ob Narr oder nicht: Aus dem bronzenen Brunnen kann auf keinen Fall wirklich gepumpt werden, da es ohnehin ständig aus dem Hahn plätschert. Das dabei entstehende Wasserspiel macht den Brunnen – neben der künstlerischen Gestaltung – »lebendig«.

Und noch ein Detail aus der Ortsgeschichte ist dargestellt: Der seit 1972 zu Dingolfing gehörende, ehemalige Markt Teisbach besaß früher die Befugnisse der niederen Gerichtsbarkeit. Wie andernorts gab es auch hier im 18. Jahrhundert ein Straf- oder Narrenhäuschen, in dem die nicht ganz so schlimmen Vergehen gesühnt wurden. Zur Erinnerung daran ist an der Brunnensäule eine Figur dargestellt, die aus einem Narrenhäuschen herausblickt. Wer allerdings allzu neugierig an den Brunnen herangeht, um den Narren zu beäugen, wird schnell auf den Weg der Tugend zurückgeführt: »Jetzt sind uns zwei!«, steht hier geschrieben.

Adresse Marktplatz, 84130 Dingolfing-Teisbach | **Anfahrt** A 92 Ausfahrt Dingolfing, oder: St 2074 (ehemalige B 11), St 2327 und St 2111, Richtung Innenstadt, dann Richtung Krankenhaus, ab hier ist Teisbach ausgeschildert (3 Kilometer) | **Tipp** Das Schloss Teisbach mit seinen Schwalbenschwanzzinnen auf dem Giebel ist unbedingt einen Abstecher wert. Umgeben ist die Anlage mit einer Ringmauer.

29 Das Theater an der Rott

Einziges Landkreistheater in Deutschland

Das ist nun wirklich einmalig in Deutschland: In der Stadt Eggenfelden mit ihren knapp 13.000 Einwohnern steht das einzige Theater der Republik, das von einem Landkreis betrieben wird. Im Jahre 1963 hob sich der erste Vorhang. Das war und ist immer noch erstaunlich. Umso mehr, als die Räumlichkeiten in der Theaterstraße als Mehrzweckhalle der angrenzenden Berufsschule gedacht waren. Aber der damalige Landrat und ein kreativer Architekt stellten den zahlreichen Kritikern Kultursinn entgegen und schufen ein Theater mit 400 Plätzen. Dass diese Initiative nicht nur Unkenrufe, sondern sogar lautstarken Protest hervorrief, scheint einleuchtend: Ein Landstrich wie das Rottal zählte in den 1960er Jahren nicht zu den reichen Regionen. Warum also so viel Geld ausgeben für eine elitäre Sache wie ein Theater? Das mochte bei Weitem nicht ein jeder Bewohner des Landstriches einsehen.

Es blieb aber dabei: Der Plan wurde in die Tat umgesetzt, und bis heute ist das Theater an der Rott das einzige Landkreistheater in Deutschland. Träger ist der Landkreis Rottal-Inn. Das Budget des Hauses ist zwar überschaubar, aber trotzdem wird den Besuchern ein komplettes Vier-Sparten-Programm mit rund 20 Premieren pro Spielzeit geboten. Die Einheimischen haben das Haus nicht nur angenommen, sondern sie sind mittlerweile stolz auf »ihr« Theater. Manche Inszenierungen werden auch in überregionalen Medien positiv besprochen. Das Publikum kommt durchaus auch aus größeren Entfernungen angereist.

Im Vordergrund des Spielplanes stehen seit jeher Operetten- oder Musicalaufführungen.

Aber auch Schauspiel, Märchen oder Comedy tragen zu einem abwechslungsreichen Programm bei. Daneben gibt es Veranstaltungsreihen im Theatercafé sowie im Jugendclub. Kooperationen mit Schulen für den Besuch von ausgewählten Produktionen sollen künftige Besucher ansprechen und begeistern.

Adresse Pfarrkirchener Straße 70, 84307 Eggenfelden, www.theater-an-der-rott.de | Anfahrt A 3 Ausfahrt Straubing, B 20 Richtung Simbach / Eggenfelden, in Theaternähe ist ein Parkplatz | Öffnungszeiten zu den Veranstaltungen | Tipp Die Stadtpfarrkirche St. Nikolaus gilt als »Dom des Rottals«. Es handelt sich um einen der bedeutendsten spätgotischen Sakralbauten Niederbayerns.

30 Die SchlossÖkonomie Gern

Kultur in der Provinz

Seit 1972 ist die Hofmark Gern vor den Toren der Stadt ein Teil von Eggenfelden. Gut 1.000 Menschen leben hier ländlich: Kirche und Wirtshaus sind noch im Ort.

Am Rande des Dorfes, hinter einer unscheinbaren Einfahrt, breiten sich Schlosspark und -Ökonomie aus. Hier war lange Zeit das Geschlecht derer von Closen bestimmend. Vom einstigen Glanz war nicht mehr viel übrig, als sich die Stadt Eggenfelden 1992 dazu entschloss, die Anlage von den Nachfahren zu erwerben. Der Plan: Ausbau des altehrwürdigen Gemäuers zu einem modernen Kultur- und Kongresszentrum. Dies geschah wegen der abzusehenden Kosten durchaus gegen teils erhebliche Widerstände aus der Bevölkerung. Heute allerdings ist unbestritten: Das Zentrum ist ein Highlight der Kulturszene der Region.

Der letztlich prachtvoll renovierte »Gotische Kasten« aus dem 16. Jahrhundert stellt das Herzstück der SchlossÖkonomie Gern dar. Seine Steildachkonstruktion erinnert an einen umgekehrten Schiffsrumpf. Hier wurden früher Waren aus aller Welt gelagert. Nun dient er als Ausstellungs- und Schauraum. Der Innenraum vermittelt Großzügigkeit. Er stellt bestens erhaltene Bausubstanz moderner Einrichtung gegenüber. Alleine dies ist schon reizvoll. Eine Wendeltreppe erschließt den oberen Teil mit den lichtvollen Ausstellungsräumen. Künstler aus nah und fern sind stolz darauf, hier ihre Arbeiten zu präsentieren.

Der Rossstall mit seinem böhmischen Gewölbe daneben bietet ebenfalls Platz für Kulturschaffende. In der Remise hat die städtische Musikschule Platz gefunden. Die zugehörige Schlosskirche St. Georg liegt inmitten der SchlossÖkonomie. Sie ist nicht zuletzt zu einer beliebten Hochzeitskirche geworden. Die in die Außenmauern eingelassenen Grabsteine erinnern an frühere Herrschaften.

Adresse 84307 Eggenfelden-Gern | **Anfahrt** A 3 Ausfahrt Straubing, B 20 Richtung Simbach / Eggenfelden, Gern ist ausgeschildert | **Tipp** Das Alte Rathaus ist ein dreigeschossiger, schmaler Kopfbau, dessen mittlere Achse als Turmrisalit gestaltet ist. Besonders sehenswert ist der Laubengang am Stadtplatz.

31 Das Europareservat Unterer Inn

Stopp beim Vogelzug

Rund 300 gefiederte Arten nutzen das Feuchtgebiet rund um den Inn als Brutstätte und Rastplatz, darunter jährlich mehrere hundert Lachmöwenpärchen. Sie leben nachbarschaftlich mit Flamingos zusammen. In der danebenliegenden Bucht finden zeitweise über 100 Höckerschwäne ihr Zuhause. Die majestätischen Seeadler sind seit Jahren als Wintergäste anwesend – 2010 hat das erste Pärchen ein Junges aufgezogen.

Das vielfältige Nahrungsangebot lockt die Tiere an; besonders zu den Zeiten der Vogelzüge im Frühjahr und im Herbst quillt das Leben am Unteren Inn über. Graugans und Kormoran, Großer Brachvogel oder Silberreiher – Vielfalt und Anzahl sind kaum mehr zu überblicken. Im Sommer ist das Europareservat Refugium von rund 800 Schmetterlingsarten. All dieses Treiben kann der Besucher des Reservats von unauffällig eingerichteten Beobachtungspunkten aus genießen.

Das Europareservat im bayerisch-österreichischen Grenzraum erstreckt sich von der Salzachmündung bei der Ortschaft Haiming flussabwärts bis zur Mündung der Rott bei Neuhaus. Es besteht aus Wasserflächen, Schlickbänken sowie Inseln auf einer Fläche von 5.500 Hektar. Weite Teile dieses riesigen Gebietes sind vom Menschen weitestgehend in Ruhe gelassen. Dazu zählen vollkommen unberührte Auwälder. Auch dem Biber kann der Naturfreund noch ohne Weiteres begegnen. Libellen, Amphibien, Fledermäuse und seltene Orchideen sind zu entdecken.

Das in einem unaufdringlichen Holzhaus untergebrachte Informationszentrum Ering am Inn ist Empfangs- und Orientierungsraum des Europareservats. Hier sind die Daten und Fakten übersichtlich und leicht verständlich gebündelt, und es gibt wertvolle Anregungen für eigene Entdeckungs- und Erlebnistouren.

Adresse Innwerkstraße 15, 94140 Ering, www.europareservat.de | **Anfahrt** A 3 Abfahrt Pocking / A 94/B 12 von München Richtung Passau, hinter Simbach a. Inn liegt Ering rechts an der B 12 | **Öffnungszeiten** April – Sept. täglich 9 – 17 Uhr; Okt. – März täglich 10 – 16 Uhr | **Tipp** Warum nicht über die nicht mehr vorhandene Grenze wechseln? Braunau am Inn ist die größte und älteste Stadt im österreichischen Innviertel.

32 Der Tatzelwurm

Sanft geschwungene Hängebrücke im Altmühltal

Den 1000-Einwohner-Ort Essing im Altmühltal als »malerisch« zu bezeichnen ist unvermeidlich. Man könnte durchaus auch »traumhaft« sagen. Im Rücken des Marktfleckens steigen die bizarren Kalksteinfelsen der Juralandschaft beinahe senkrecht auf. Oben thront die Burg Randeck über der Landschaft, auf der anderen Seite begrenzt das Altwasser die Ansiedlung, deren Ursprünge ab dem Jahr 976 nachweisbar sind.

Auf den ersten Blick will zu dieser Idylle gar kein Superlativ passen – dennoch ist in Essing eine der längsten Holzbrücken Europas zu bestaunen. Der »Tatzelwurm« ist genau 193 Meter lang. Er wurde 1987 über den Main-Donau-Kanal gespannt und besticht durch eine Architektur, die sich harmonisch in ihre Umgebung einfügt. Die nur sehr leicht angedeutete geschwungene Linienführung wirkt beschwingt, leicht und modern.

Die Brücke dient überwiegend Fußgängern und Radfahrern, kann im Ausnahmefall aber auch mit Kraftfahrzeugen befahren werden. Dazu ist sie aber fast zu schön. Voraussetzung für das Gelingen des Bauwerkes war eine lange Planungs- und Entwicklungsphase. Gelungen ist mit der Spannbandbrücke aber auch eine Anknüpfung an alte Zeiten: Bereits zur Römerzeit hatten nach Auskunft von Fachleuten Hängebrücken Tradition in dieser Landschaft. Abgeleitet vom uralten Prinzip der freihängenden Seilbrücke spannt sich in Essing ein Zugband aus verleimten Holzbalken über drei Pfeilerböcke zu den Brückenköpfen. Auch dadurch ist ein außergewöhnlich schlanker Querschnitt entstanden.

Im Ergebnis passt sich also die Brückenkonstruktion der vorgefundenen Landschaft an. Sie drängt sich damit nicht auf, sie dominiert auch nicht die Umgebung, sondern wird ein Teil davon. Das kann man nicht immer von Architektur behaupten. Abgedeckte Holzbrücken können überdies mehrere hundert Jahre alt werden, wie historische Beispiele belegen.

Adresse Marktplatz, 93343 Essing | Anfahrt A 93 Ausfahrt Kelheim, ausgeschildert Richtung Altmühltal / Essing. Hier stößt man automatisch auf die Brücke. | Tipp Entlang der Rest-Altmühl gibt es in Neuessing einen »Kunstweg«. Thematisiert werden Geschichte und Landschaft der Gegend.

33 Die Tropfsteinhöhle

Heimat der Fledermaus

Wenn die Fledermäuse im Frühjahr die Höhle verlassen, dürfen die Besucher hinein.

Diese sollten wegen der niedrigen Temperatur von neun Grad eine Jacke mitnehmen. Der Fußweg zur Höhle führt vom Parkplatz aus durch einen schattigen Laubwald und dauert etwa 15 Minuten. Ruhebänke säumen den Aufstieg.

Besonders eindrucksvoll sind die Becher-Stalagmiten. Sie ähneln einem Wasserbecken.

An der Decke hängen blumenkohlartige Kalkablagerungen. Alles wirkt etwas unwirklich. Die Erläuterungen der sachkundigen Führer machen den Streifzug durch das steinzeitliche Erbe durchaus bildhaft. Wie lebten die Menschen hier einst – wie entfachten sie zum Beispiel Feuer? Nach der Führung kann das Erlebte im gemütlichen Straßencafé bei hausgemachtem Kuchen noch einmal überdacht werden. Höhepunkt einer jeden Führung ist eine Licht-Musik-Darbietung.

Warum die Tropfsteinhöhle Schulerloch so heißt, wie sie heißt, ist zwar nicht ganz klar, aber die Erklärungsversuche sind originell: Einerseits könnte es sich um eine keltische Druidenschule gehandelt haben, andererseits stand das altbayerische Wort »Schuller« für Räuber. Die Höhle ist 420 Meter lang, verborgen in einem Waldstück und schwer zugänglich. Gesichert ist, dass hier bereits in der Jungsteinzeit Menschen gelebt haben. Ebenso ist es ein Fakt, dass sich im Schulerloch Fledermäuse aufhalten. 30 verschiedene Arten konnten jüngst wieder gezählt werden. Am häufigsten ist die Mausohrfledermaus. Sie gehört mit einer Körperlänge von sieben Zentimetern zu den großen Fledermäusen. Durch ein Fenster am Eingang der Tropfsteinhöhle Schulerloch kommen die Tiere jeden Herbst zum Überwintern. Sie hängen dann mit dem Kopf nach unten an der Höhlendecke und brauchen in dieser Zeit keine Nahrung.

Ab November ist dann das Schulerloch zum Schutz der Tiere bis März des kommenden Jahres geschlossen.

Adresse Oberau 1, 93343 Essing-Oberau | Anfahrt A 93 Ausfahrt Kelheim, St 2230 Richtung Riedenburg, nach 4 Kilometern auf der rechten Seite steht der Hinweis auf das Schulerloch | Öffnungszeiten bis Anfang Nov. täglich geöffnet, Höhlenführungen halbstündlich 10–16.30 Uhr; danach bis März geschlossen, Näheres unter www.schulerloch.de | Tipp Auf der nahe gelegenen Rosenburg in Riedenburg gibt es atemberaubende Vorführungen mit Greifvögeln. Zweimal täglich (11 und 15 Uhr) von Dienstag bis Sonntag werden die Flugkünste der Greifvögel vorgeführt. Einzelheiten unter www. falkenhof-rosenburg.de.

34__Das Museum der Seefahrt

Und wo ist das Meer?

Man muss schon ausgesprochen optimistisch sein, um ausgerechnet in Niederbayern ein Seefahrtmuseum zu verwirklichen. Immerhin liegt Geiselhöring etwa 800 Kilometer von der Küste entfernt. Der Ort ist auch ansonsten nicht für maritimes Leben bekannt. Dennoch ist es kein Seemannsgarn, dass es im Ortskern ein Museum der Seefahrt gibt. Die überraschend gut ausgestattete Ausstellung ist in einem Wohnhaus über einem Restaurant untergebracht. Am Eingang vor diesem Restaurant empfängt Hella Meister bevorzugt die Besucher. Ihr Vater Helmut Osten ist der Gründer der Einrichtung. Schon während seiner Zeit als Schiffskoch im Zweiten Weltkrieg begann der Seebär damit, maritime Raritäten aus aller Herren Länder zu sammeln.

Und diese werden sowohl gerne gezeigt als auch wortreich von Tochter Hella Meister erklärt: Nachbauten der »Santa Maria« des Christoph Columbus oder des berühmten Schulschiffes »Gorch Fock« beeindrucken auch Landratten. Mit Geschick und Detailliebe hat Helmut Osten über 30 Modelle der berühmtesten Segelschiffe gefertigt. Insgesamt rund 1.000 Exponate berichten aus der Welt der Schiffe und der Windjammerzeit. Zu bestaunen sind überdies Kompasse, Sextanten, Oktanten oder Schiffslaternen. Zum vorgeführten Schifffahrerleben gehörten auch Rettungsringe und Essgeschirr. Eine ganze Abteilung ist den großen Schiffskatastrophen gewidmet. Darin befinden sich Bilder von der »Titanic« und der »Bismarck«.

Und dann sind da auch noch die Geschichten rund um die persönlichen Bekanntschaften des Seebären Helmut Osten. Mit Felix Graf von Luckner, dem »Seeteufel« des Ersten Weltkriegs, verband ihn eine persönliche Freundschaft. Ehrensache also, dass er dessen Andenken besondere Aufmerksamkeit gewidmet hat. »Es gibt drei Typen von Menschen: Lebendige, Tote und solche, die zur See wollen.«, dieses Motto von Graf Luckner könnte für das ganze Museum stehen.

Adresse Stadtplatz 7, 94333 Geiselhöring, im 1. Stock des Restaurants »Bel Piatto« | Anfahrt A3 Ausfahrt Schierling, über Laberweinting nach Geiselhöring, Parkplätze am Stadtplatz vorhanden | Öffnungszeiten Infos und Führungen nach Vereinbarung unter Tel. 09423/2008453 oder www.geiselhoering.de | Tipp Das Historische Rathaus aus dem Jahr 1525 mitten am Stadtplatz verfügt über einen außergewöhnlich schönen Uhrturm.

35 Der Eiskeller

Ein lebendiges Dorfcafé

In vieler Munde ist das Dorf immer wieder durch den bundesweiten Erfolg von Hans Jürgen Buchner: Der Komponist und Musiker nannte seine Gruppe heimatverbunden »Haindling«. Überdies gilt der Ortsteil von Geiselhöring als einer der ältesten Wallfahrtsorte in Bayern, die Wallfahrt ist bereits seit dem 14. Jahrhundert bezeugt. Zusätzlich rücken nun aber das »Café Eiskeller« und der Hofladen immer mehr in den Fokus von Heimischen und Besuchern.

Das kleine weiße Gebäude im Ortskern von Haindling mit den grün leuchtenden Fenstern wurde einst vom Dorfwirt als Bierlager genutzt. Anfang der 2000er Jahre wäre das Häuschen mit seinen zwei Räumen im Zuge der Dorferneuerung beinahe abgerissen worden – dabei war von einem Parkplatz die Rede! Das allerdings verhinderten engagierte junge Leute: Neben der Verbundenheit zu ihrem Ort suchten sie einen festen Ankerplatz für ihre Ideen und empfanden den Eiskeller als ideal dafür. 2004 gründeten sie den Eiskellerverein. Dieser versteht sich als generationsübergreifend und fördert nicht nur die Lebensqualität im Dorf. Vielmehr soll durch den Zusammenhalt nicht zuletzt der Abwanderung junger Menschen entgegengewirkt werden. »Der Eiskeller bringt verschiedenste Leute miteinander ins Gespräch. Alle sind offen und haben Zeit und Interesse für ein gutes Gespräch«, so ist die einhellige Meinung.

Das Café im Eiskeller in Haindling ist ausdrücklich kein Vereinslokal. Es steht – ebenso wie der Dorfladen – auch allen zufälligen Besuchern offen. Selbstverständlich gibt es im ehrenamtlich betriebenen Café fair gehandelten Kaffee oder auch einmal einen regionalen Schnaps. Mit dem Erlös aus dem Verkauf werden Patenkinder in Afrika unterstützt. Es werden aber auch Spenden für einen neuen Steg am Dorfweiher lockergemacht und verschiedenste Kulturveranstaltungen angeboten. Dazu gehören auch Ortsführungen in bayerischer Mundart oder Dichterlesungen.

Adresse Groß 6, 94333 Geiselhöring-Haindling, Tel. 09423/902217, www.eiskeller-haindling.de | Anfahrt A 3 Ausfahrt Schierling, über Laberweinting und Geiselhöring nach Haindling | Öffnungszeiten unter www.eiskeller-haindling.de | Tipp »Unsere liebe Frau von Haindling« ist einer der ältesten Wallfahrtsorte in Bayern. Natürlich sollten Sie sich hier auch die frühgotische Wallfahrtskirche ansehen.

36 Das Sippenauer Moor

Ein Naturschutzjuwel mit seltensten Pflanzen

Der Parkplatz kurz vor Oberfecking auf der linken Straßenseite bietet allerhöchstens fünf Autos Platz und ist überdies leicht zu übersehen. Aufgepasst also, wenn die Anreise mit dem Pkw erfolgt! Zwei Bänke mit einem kleinen Tisch gibt es hier, festes Schuhwerk für den nachfolgenden Weg versteht sich von selbst.

Eine Texttafel weist den Eingang zu einem engen Waldweg. Das seit 1939 ausgewiesene Naturschutzgebiet Sippenauer Moor ist acht Hektar groß und wäre zu Beginn des 20. Jahrhunderts beinahe zerstört worden. Vollmundige Pläne für ein Kurbad wurden allerdings vereitelt. Die Regensburgische Botanische Gesellschaft kaufte entschlossen – wie auch andernorts – Flächen auf. Die naturschutzfeindlichen Begehrlichkeiten sollten bereits im Keim erstickt werden.

Eine Drehtafel am Informationspunkt zeigt und beschreibt einige Besonderheiten des Moores: die vom Aussterben bedrohte zweigestreifte Quelljungfer etwa oder den rundblättrigen Sonnentau. Auch den Kammfarn findet man sonst nirgendwo in Niederbayern, so heißt es. Man muss sich also nur mit diesen Informationen und mit offenen Augen auf den Weg machen. Das Sippenauer Moor ist ein Kalk-Quellmoor. Dieser Typus ist in Bayern eigentlich vor allem am Alpenrand verbreitet. Die geologische Entwicklung wollte es aber, dass sich auch an diesem Taleinschnitt der früheren Donau derartige Karstquellen bildeten. Sie speisen das Moor, das in seinen ältesten Teilen 13.000 Jahre alt ist.

Dem sachgerechten Unterhalt des Gebietes hat sich der Verein zur Pflege ökologischer Flächen in Kelheim verschrieben. Zur Namensgebung des Gebietes haben die Schwefelquellen auf jeden Fall beigetragen: Sippen bedeutet »stinken« oder »faulig riechen«. Auch davon kann man sich bei einem erlebnisreichen Spaziergang überzeugen. Der Geruch von faulen Eiern liegt besonders an einem kleinen Teich in der Luft – mehr oder weniger deutlich.

Adresse Sippenauer Moor, 93345 Hausen/Oberfecking | Anfahrt B 16 Regensburg/Kelheim, Abfahrt Saal a. D., in Ortsmitte Richtung Langquaid, abbiegen nach Oberfecking, Parkplatz vor dem Ort auf der linken Seite | Tipp Aus dem nahen Kelheim grüßt der Michelsberg mit seinen 126 Metern Höhe. Auf ihm steht die im 19. Jahrhundert erbaute, überregional bekannte Befreiungshalle.

37_Das Armenhaus

Eine Kunstadresse von Rang und Namen

Hengersberg gilt als der älteste Markt Bayerns. Bereits im Jahre 1009 wurde dem nahe gelegenen Benediktinerkloster Niederaltaich das Recht verliehen, in Hengersberg Markt zu halten. Damit verbunden konnten auch Maut und Zoll erhoben werden, »zu Land und zu Wasser«. Um die dazu notwendigen Formalitäten abzuwickeln, wurde am südwestlichen Rand des Ortes ein Zollhaus errichtet. Später zum Leprosenhaus umgebaut, entwickelte sich das Gebäude schließlich zum Armenhaus für alte Bürger und Bürgerinnen.

Das heutige Gesicht erhielt das stattliche Traufseithaus mit sieben Fensterachsen durch eine barocke Generalsanierung im 18. Jahrhundert. Nach der Säkularisation von 1803 kam das Armenhaus zum Markt Hengersberg und – schlummerte vor sich hin. Man könnte auch sagen, es schien zu verfallen. Nach einer Generalsanierung in den 1990er Jahren kamen dann glückliche Umstände und engagierte Einwohner zusammen. Museumsfreunde realisierten die »Kunstsammlung Ostbayern«. Den Grundstock bildet dabei die komplette Sammlung der 1946 gegründeten Künstlervereinigung »Donauwaldgruppe«. Werke von 70 freischaffenden Malern, Bildhauern und Glaskünstlern des Raumes sind jetzt in einer Dauerausstellung zusammengefasst. Namen wie Heinz Theuerjahr oder Erwin Eisch sind feste Größen. Es finden aber auch wechselnde Sonderausstellungen statt. Im Dachgeschoss bietet ein Veranstaltungsraum Platz für Vorträge über Kunst und Region.

Entstanden ist eine besondere Mischung aus dem eigenartigen Zauber der geschichtsreichen Umgebung, behutsamer Sanierung und reichlich ausgestellter Gegenwartskunst der Region. Nahezu in jedem Winkel des ehemaligen Armenhauses blicken dem Besucher künstlerische Besonderheiten entgegen. Bauhistorisch bemerkenswert ist eine zweigeschossige Hauskapelle aus der Zeit der barocken Umgestaltung. Sie wurde erst bei einer Baubefunduntersuchung 1993 wiederentdeckt.

Adresse Passauer Straße 38, 94491 Hengersberg | **Anfahrt** A 3 Ausfahrt Hengersberg, im Ort Passauer Straße, Parkplätze vor dem Haus | **Öffnungszeiten** Sa, So jeweils 14–17 Uhr, zusätzliche Führungen nach telefonischer Vereinbarung, Tel. 09901/2809 | **Tipp** Sieben Kilometer sind es bis zum Ziegeleimuseum Flintsbach. Hier bildet der kolossale Brennofen aus dem Jahr 1883 den Mittelpunkt. Zum Freigelände gehört außerdem eine komplette Ziegelei mit Lehmgrube.

38 Der Alte Kanalhafen

Überbleibsel einer historischen Idee

Der alte Kanalhafen von Kelheim zieht sich auf einer Länge von etwa 600 Metern dahin. Er steht als Paradebeispiel der Ingenieurskunst unter Denkmalschutz. Wenn es drauf ankäme, wäre er noch funktionstüchtig – so heißt es. Die Szenerie am Altstadtrand wird von einem buckligen Obstbaumbestand und einer Naturwiese umrahmt, Fischer hängen beharrlich schweigend die Angelrute ins Wasser. Zwei kleine, etwa drei Meter hohe Ladekräne vermitteln Industrieromantik. Der in Mauern eingefasste Kanaltrog umgibt die Schleuse Nummer 1. Insgesamt gab es im Verlauf des Ludwig-Donau-Main-Kanals 100 derartige Schleusen. Eine ehemalige hölzerne Lagerstätte steht leicht erhöht auf einem Sockel mit wenigen Steinstufen. Der Dachabschluss erinnert an einen Helm.

Seit den 1950er Jahren haben der Ludwig-Donau-Main-Kanal und damit auch der alte Donauhafen ausgedient – Nachfolger ist der Rhein-Main-Donau-Kanal. Lange zuvor entstand die große Idee der Fossa Carolina (Karlsgraben) des späteren Kaisers Karl des Großen. Er wollte eine schiffbare Verbindung zwischen den Flüssen Rhein beziehungsweise Main und Donau. Aufgegriffen und in Auftrag gegeben hat diese Idee später dann in seinem Herrschaftsbereich König Ludwig I. von Bayern. 1834 erließ der Monarch ein Gesetz – im Mai 1843 war »befehlsgemäß« festliche Eröffnung. Ein Kanal mit 170 Kilometern Länge zwischen Kelheim und Bamberg stand zur Verfügung. Dieser Vorläufer des Rhein-Main-Donau-Kanals wurde 1950 aufgelassen – die Eisenbahn war zu einer immer stärkeren Konkurrenz erwachsen.

Heute wird der frühere Verlauf an vielen Streckenabschnitten von Ausflüglern genutzt. Vor allen Dingen auf zwei Rädern sind die Naturfreunde gern unterwegs – das gut präparierte Wegenetz und die urige Gegend laden dazu ein. So hat der Kanal seine Funktion nachhaltig verändert: Der wirtschaftliche Wert hat sich in einen Freizeitwert gewandelt.

Adresse Hienheimer Straße, Altstadtrand, 93309 Kelheim | **Anfahrt** A 93, Ausfahrt Kelheim, Richtung Kelheim, Verkehrskreisel Richtung Innenstadt, Parkplatz an der Schiffsanlegestelle | **Tipp** Wie wäre es mit einer historischen Treidelfahrt auf dem Ludwig-Donau-Main-Kanal? Infos gibt es unter www.naturpark-altmuehltal.de.

39 Die Eremitage Klösterl

Der Welt sehr zugetan

Das UNESCO-Kulturerbe Weltenburger Enge ist (auch) ein traumhaftes Wandergebiet. Insgesamt elf erschlossene Routen verlaufen im Naturschutzgebiet. Die vielleicht schönste Tour ist ein sieben Kilometer langer Spazierweg, von der Schiffsanlegestelle Kelheim ausgehend immer entlang der Donau. Der Weg ist auch für »Fußkranke« geeignet, gutes Schuhwerk sollte aber schon sein. Und es lohnt sich, denn ein außergewöhnliches Erlebnis liegt schon bald hinter Kelheim am Wegesrand:

Das Klösterl, eine ehemalige Eremitage, die heute allerdings mit einem Wirtshaus und -garten bestens auf die Bedürfnisse der Besucher ausgerichtet ist. Gegen Ende des 15. Jahrhunderts baute sich der Überlieferung nach der Einsiedler Antonius von Siegenburg eine große Felsgrotte zur Klause um und errichtete eine kleine Kapelle zu Ehren des heiligen Nikolaus. Die Klause kam bald zum Franziskanerorden, der sie wiederum als Sommerrefugium nutzte. Eine herausragende Sehenswürdigkeit ist das natürliche Dach der Kirche. Es besteht ausschließlich aus überhängendem Gestein. An der Innenwand sind drei Fresken zu sehen – die Witterungsfolgen einer langen Zeit haben ihrer Bildkraft aber geschadet. Eine steinerne Empore und der leicht erhöhte Altar scheinen dauerhaft der Zeit enthoben zu sein.

Das Klösterl ist seit vielen Jahren eine beliebte Ausflugsgaststätte. Hier lassen sich die Wanderer gern nieder und können bei einer Brotzeit und Bier (auch die Kuchen werden sehr gelobt) die umgebende Natur genießen: Die Donau fließt träge vorbei. Sie ist von zum Teil bis zu 80 Meter aufragenden Felsen »eingequetscht«. Viele Paddelbootfahrer sind bei schönem Wetter unterwegs und natürlich Fahrgastschiffe vom und zum weltberühmten Benediktinerkloster Weltenburg. Ein uralter Kulturboden in einer kaum gezähmten Landschaft – und dazu noch eine entspannende Rast im Klösterl. Wandrer, was willst du mehr?

Adresse Klösterlweg 1, 93309 Kelheim-Klösterl | **Anfahrt** A 93, Ausfahrt Kelheim, Richtung Kelheim, Verkehrskreisel Richtung Innenstadt, Parkplatz an der Schiffsanlegestelle, Fußweg zum Klösterl circa 15 Minuten | **Öffnungszeiten** wechselnd, post@einsiedelei-kloesterl.info | **Tipp** Die nahe gelegene Klosterkirche Weltenburg mit Werken der Barockkünstler Cosmas Damian und Egid Quirin Asam interessiert jeden Kulturfreund.

40_Das Besucherzentrum im Felsenkeller

Informationen über ein uraltes Kloster

Das Kloster Weltenburg weist mehrere, herausragende Besonderheiten auf: Um das Jahr 600 gegründet, zählt es zu den ältesten klösterlichen Niederlassungen Bayerns. Die von den Gebrüdern Asam von 1716 bis 1739 erbaute und ausgestaltete Abteikirche wird von Kennern als ein Paradebeispiel des europäischen Barocks bezeichnet. Ferner ist das Naturschutzgebiet »Weltenburger Enge«, das bereits 1840 von König Ludwig I. unter Schutz gestellt wurde, eines der bekanntesten Naturschutzgebiete Bayerns. Sein Herzstück ist gleich beim Kloster der sogenannte Donaudurchbruch. Die Donau bahnt sich hier auf rund fünf Kilometern ihren Weg durch bis zu 70 Meter hohe Kalkfelsen. Dieses einmalige Naturschauspiel kann auch von Fahrgastschiffen aus bewundert werden. Die Route führt von Kelheim nach Weltenburg. Hier wartet dann auch noch die – wie es heißt – älteste Klosterbrauerei der Welt.

Vor dem sommerlichen Biergartenbesuch empfiehlt sich eine Information im Besucherzentrum im Hof des Klosters gegenüber des Kircheneingangs. Die Einrichtung ist in einem historischen Felsenkeller untergebracht. Die weit über tausendjährige Vergangenheit der Benediktinerabtei wird also in einer originellen Umgebung erklärt. Am Anfang stand die sagenhafte Gründung der Mönchszelle am Donaustrand. Berichtet wird aber auch vom Niedergang und Neuanfang im Mittelalter sowie von der Aufhebung des Klosters bei der Säkularisation von 1803. Seit 1913 ist das Kloster wieder Abtei. Um die Jahrtausendwende wurde für mehrere Millionen Euro eine Gesamtinstandsetzung der Kirche durchgeführt und der Hochwasserschutz verbessert.

Die Ausstellung in dem aus Naturfels ausgeschlagenen Keller der Klosterbrauerei spannt den Bogen von Fossilien über die ersten frühchristlichen Spuren und die bewegten Jahrhunderte des Klosters vom Mittelalter bis zur Neuzeit.

Adresse Asamstraße 32, 93309 Kelheim | Anfahrt A 93, Ausfahrt Kelheim, in Kelheim Richtung Weltenburg, abgesperrter Parkplatz und kurzer Fußweg zum Kloster | Öffnungszeiten April–Okt. Mo–Fr 11–16 Uhr, Sa, So, feiertags 10–18 Uhr | Tipp Natürlich sollten Sie auch die nahe gelegene Befreiungshalle besuchen. Erinnert wird hier an die Befreiungskriege im 19. Jahrhundert.

41 Die Wehrkirche

Ein Bollwerk gegen mancherlei Begehrlichkeiten

Mittelalterliche Wehrkirchen stellten sich den Feinden trutzig in den Weg. Die Zinnen dienten dabei zunächst weniger als architektonischer Schmuck, die Schießscharten waren auch sehr ernst gemeint. Die Pfarrkirche Heilige Dreifaltigkeit ist die einzige vollständig erhaltene Wehrkirche in Süddeutschland. Sie ist am Anstieg von massiven Gebäuden umgeben – eine Kirchenburg. Das Gotteshaus sollte die bayerische Macht im Grenzraum zu Österreich und damit an der strategisch wichtigen Inngrenze aufzeigen. Der Kirchturm ragt 50 Meter empor.

Kößlarn ist einer der ältesten Wallfahrtsorte Bayerns. Eine Muttergottesstatue war hier im 14. Jahrhundert aufgefunden worden, die Wunderheilung eines Bauern folgte – die Wallfahrt entwickelte sich.

Im Laufe der lange andauernden, aber stetig betriebenen Besiedlung des vormaligen Waldgebietes nahm auch der Kirchenbau immer wuchtigere Ausmaße an. Nicht zuletzt um die anwachsenden Kirchenschätze zu sichern, wurden Priesterhäuser und Pfarrhaus durch eine Ringmauer mit Schießscharten verbunden. Die eindrucksvoll erhaltene Befestigung prägt heute noch den Ort, verleiht ihm Solidität. Mit dem Marktrecht verbunden kam die weitere wirtschaftliche Aufwärtsentwicklung in die Gemeinde. Die Wallfahrer durften mit Bier und Wein versorgt werden.

Auf dem Hochaltar befindet sich das Gnadenbild, eine gotische Holzmadonna mit dem Kind aus der Zeit um 1400. Nicht alltäglich ist eine gotische Silbermadonna aus dem Jahre 1488. Sie kann in einem eigenen Votivraum bestaunt werden. Zu den Beständen gehört auch ein spätgotischer Palmesel, der bei der großen Prozession am Palmsonntag mitgeführt wird. Das Kirchenschiff ist im Wesentlichen spätgotisch, die Einrichtung barock. Die Bedeutung der Wallfahrt ist im Laufe der Zeit zurückgegangen. Heute sorgt das große Erntedankfest am zweiten Sonntag im September für überregionales Interesse.

Adresse Kirchplatz, 94149 Kößlarn | Anfahrt A3 Ausfahrt Pocking, Richtung Bad Griesbach, Abzweigung Kößlarn | Öffnungszeiten während des Tages | Tipp Im Wandergebiet Grafenried befindet sich mit dem »Steinernen Rössl« eine aufrecht stehende Felsplatte, die wie ein liegendes Pferd aussieht. Zu finden ist auch das Naturdenkmal »Felsengarten«.

42 Das Museum Quintana

Eine spannende Siedlungsgeschichte

Die Gegensätze sind schon extrem: eine moderne, keilförmig in die umstehende Bebauung geschnittene Konstruktion mit großflächigem Glas und dann im Inneren die weit zurückreichende Zeitreise. Im Gebiet des heutigen Künzing sind 7.000 Jahre Siedlungsgeschichte nachzuweisen. Ausgangspunkt der immer noch andauernden Untersuchungen war die Entdeckung eines römischen Kastells am 3. Juli 1874. Damit war das Interesse geweckt. Zum Vorschein kamen immer mehr Fundstücke aus uralten Tagen. Die Archäologen waren und sind begeistert.

Ihre didaktisch kluge Aufbereitung macht den Besuch im Museum Quintana zu einer anschaulichen Lehrstunde. So werden die Existenzbedingungen der steinzeitlichen Bevölkerung in Niederbayern aufgezeigt und nachvollziehbar. Im 6./5. Jahrtausend vor Christus hat sich demnach die Wirtschaftsform der Menschen grundlegend verändert. Nach der letzten Eiszeit und der Periode der Völkerwanderung wurden die bisherigen Jäger und Sammler allmählich sesshaft. Im Bereich von Künzing gab es hierfür die passende Bodenqualität. Das war nahezu allein entscheidend. Um erste bäuerliche Strukturen zu festigen, mussten natürlich auch Hilfsgeräte geschaffen und stetig weiter verfeinert werden. Im 3. Jahrtausend vor Christus gelang es, den Werkstoff Bronze herzustellen. Eine ganze Epoche erhielt dadurch ihre Bezeichnung. Eine eindrucksvolle Auswahl von Funden zeigt, dass aus Bronze auch Waffen oder Schmuck gefertigt wurden.

Dagegen erscheint die Römerabteilung schon fast neuzeitlich. Um 90 nach Christus wurde das Hilfstruppenkastell Quintanis gegründet. Die Innenfläche umfasste zwei Hektar, die Besatzung 500 Mann. Ein Modell eines Teils des Kastells gibt Einblick in Verwaltungsgebäude und Soldatenunterkünfte. Das Kastell bestand insgesamt etwa 150 Jahre. Und auch hier hält man sich an den Leitfaden des Hauses: Geschichte verständlich machen – für alle Besucher.

Adresse Osterhofener Straße 2, 94550 Künzing | **Anfahrt** A3 Ausfahrt Hengersberg, links abbiegen, Beschilderung »Archäologiemuseum Künzing« folgen; oder: A92 Ausfahrt Plattling West, B8 Richtung Osterhofen/Künzing | **Öffnungszeiten** Mai–Sept. Di–So 10–17 Uhr, Okt.–April 10–16 Uhr | **Tipp** Die Sternwarte im nahe gelegenen Winzer wurde 2004 errichtet. Es gibt hier ein Planetarium mit einer Kuppel von 4 Metern Durchmesser. Hier kann der Himmel genau erforscht werden. Die Sternwarte ist jeden Freitag für Besucher zugänglich.

43 Der Wachsende Felsen

Ein uraltes Naturschauspiel

Entlang der engen Dorfstraße von Usterling ducken sich etwa 20 Bauernhäuser ins niederbayerische Land, der Kirchturm ist auch hier der höchste Punkt. Von einem kleinen Parkplatz aus weist ein Schild des bayerischen Umweltministeriums den Weg: Der Johannisfelsen von Usterling gehört zu den 100 schönsten Geotopen des Freistaats. Nach 50 Metern ist der Weg zu dem magischen Original erreicht: Seit Jahrtausenden lässt hier eine extrem kalkhaltige Quelle eine steinerne Rinne wachsen.

Mit einer Länge von mehr als 40 Metern und über fünf Metern Höhe ist der Fels die größte geologische Erscheinung dieser Form in Süddeutschland. Davor steht eine Kapelle mit einer imposanten Statue von Johannes dem Täufer.

In frühchristlicher Zeit wurden hier Taufen abgehalten, später wurde Usterling zum gut besuchten Wallfahrtsort. Dem Wasser, das über den Felsen rinnt, wird von jeher besondere Heilkraft bei Augenleiden nachgesagt. Der Felsen ist stark bemoost und kann in seiner Ausdehnung von 40 Metern begangen werden. Ein steiler Pfad daneben bietet als praktische Gehhilfen eingebaute Treppen an. Sie bieten guten Halt, um stehen zu bleiben und das seltsame Naturwunder anzusehen.

Wachsende Felsen entstehen dort, wo kalkreiches Grundwasser gleichmäßig an der Oberfläche austritt. Da Pflanzen Licht benötigen, wachsen sie über die entstehenden Kalkkrusten hinaus. So baute sich – über einige Jahrtausende hinweg – ein Damm auf, auf dessen Scheitel der Quellbach fließt.

Der Usterlinger Kalktuffdamm steht seit 1937 unter Naturschutz – entsprechend sensibel soll der Besucher damit umgehen. Und weil anfangs von der Dorfkirche die Rede war: Das wertvolle Altarbild aus dem 16. Jahrhundert zeigt die Taufe Jesu durch Johannes den Täufer nicht im Jordan, sondern am Wachsenden Felsen von Usterling.

Adresse 94405 Landau a. d. Isar-Usterling | **Anfahrt** A 92 Ausfahrt Landau a. d. Isar, auf der B 20 Richtung Landau, am Ortsrand von Landau Kreisstraße Richtung Mamming/Dingolfing, ab hier Ausschilderung Usterling | **Tipp** Schloss Wildthurn liegt südöstlich von Landau a. d. Isar. Der dominante Bergfried mit den Zinnen ist ein romanisches Baudenkmal. Er wurde einst als »Raubritternest« genutzt.

44 Die Dominikanerkirche

Ein Schweinskopf als derber Steinmetzwitz

Tatort ist die östliche Chorseite unter dem Dach der dreischiffigen Dominikanerkirche: Dargestellt ist an der Außenseite ein Schweinskopf nach Art eines Wasserspeiers mit einer Kanne darunter. Man muss weit hinaufblicken, von unten ist er nicht sofort zu erkennen. Der Sage nach ist ein Maurer mit dieser Darstellung »bestraft« worden. Er hatte das auf der Straße vorbeigetragene Allerheiligste missachtet, indem er den Maßkrug leerte. Ein Steinmetz hat dieses schnöde Tun verewigt. Sollte diese Geschichte nicht stimmen, ist sie auf jeden Fall gut erfunden.

Kurz nach der Gründung Landshuts zu Beginn des 13. Jahrhunderts ließ sich der noch junge Missionsorden der Dominikaner in der Stadt nieder. Danach stand bis zur Fertigstellung der spätgotischen Martinskirche an dieser Stelle für 200 Jahre die größte Kirche Landshuts. Der seinerzeit vielerorts gerühmte Stuckateur Johann Baptist Zimmermann, der vorher schon die gotische Klosterkirche von Seligenthal umgestaltet hatte, wurde Mitte des 18. Jahrhunderts aktiv und verwandelte die schlichte gotische Bettelordenskirche St. Blasius in eine Rokokokostbarkeit. Die Leichtigkeit der Formensprache ist höchst beeindruckend.

Zimmermann schuf nicht nur die Dekoration, sondern führte auch die gesamte Raumplanung selbst aus. Fachleute zählen die Dominikanerkirche zu den hervorragendsten Schöpfungen des bayerischen Rokoko.

Als zu Beginn des 19. Jahrhunderts die Säkularisation auch vor dem Kloster nicht haltmachte, nutzte die Universität den Raum als Studienkirche. In dieser Zeit wurde auch die klassizistische Fassade verwirklicht. In den letzten Jahrzehnten hält die Pfarrei St. Jodok in der Dominikanerkirche Gottesdienste ab. Während der Woche ist nur der gläserne Windfang zugänglich. Das die Dominikanerkirche umschließende Hauptgebäude ist seit 1956 Dienstsitz der Regierung von Niederbayern und damit oberster Verwaltungssitz des Bezirks.

Adresse Regierungsplatz, 84028 Landshut | Anfahrt A 92 aus Richtung München: Ausfahrt Moosburg Nord auf B 11 Richtung Landshut Stadt, auf Höhe des Volksfestplatzes »Grieserwiese« in den »Josef-Deimer-Tunnel«, auf die Podewilstraße abbiegen, Maximilianstraße, Regierungsplatz | Öffnungszeiten wochentags ist nur der gläserne Windfang zugänglich; Kirche: Ostern–Ende Nov. zum Sonntagsgottesdienst um 11.30 Uhr | Tipp Der Rathauserker gehört zum Amtszimmer des Landshuter Oberbürgermeisters. Hier und vor dem Rathaus entstanden viele Szenen aus der ARD-Fernsehserie »Um Himmels Willen« mit Oberbürgermeister Wöller alias Fritz Wepper.

45 Das Etzdorf-Palais

Ein Barockbau mit luftiger Rokokofassade

Die obere Ländgasse in der Landshuter Altstadt beschreibt entlang ihrer Biegung in Richtung Etzdorf-Palais einen Teil aus der romanischen Epoche der Stadtgründung. In der »Länd« waren ursprünglich Stadel, um Waren zu lagern, dann wohnten hier Taglöhner. Der Bau der Stadtresidenz im 16. Jahrhundert hat die Ländgasse massiv verändert. Zusätzlich ist es auch das barocke Etzdorf-Palais, das mit seiner luftig-leichten Rokokofassade dem Innenbereich der Stadt sein einmaliges Gepränge verleiht.

Bauherr war um 1745 der spätere Landshuter Vizedom Franz Xavier Freiherr von Etzdorf. Davon zeugt das Ehewappen von ihm und seiner Gattin Maria Theresia im Dreiecksgiebel über dem mittleren Fenster der Hauptfassade. Diese Hauptfassade an der Ostseite des Eckhauses ist dreigeschossig mit sieben Fensterachsen. Die dritte und fünfte Achse treten in der Form von schwachen Risaliten jeweils etwas hervor. Nach einer Würdigung in »Die Kunstdenkmäler von Bayern« wirkt die Stuckierung »ungemein vornehm und ist mit hohem künstlerischen Gefühl gedacht«. Geschaffen wurde sie nach Recherchen des Landshuter Stadtarchivs mit größter Wahrscheinlichkeit vom Münchner Hofkünstler Johann Baptist Zimmermann. Er hat das Haus vermutlich in den Jahren um 1748 stuckiert, als er die Umgestaltung der heutigen Dominikanerkirche geleitet hat. Johann Baptist Zimmermann wird der damals viel gerühmten Wessobrunner Schule zugerechnet – er wurde nach und nach zum bevorzugten Stuckateur des bayerischen Adels. Zum Beispiel gestaltete er auch das Treppenhaus von Schloss Schleißheim.

Im Inneren des Etzdorf-Palais überwölben flache, weit gesprengte Kreuzgewölbe den herrschaftlichen Eingangsbereich. Seit der jüngeren Vergangenheit dient das Palais der traditionsreichen Landshuter Privatbrauerei Wittmann als repräsentativer Verwaltungssitz. Neben dem Palais befinden sich zwei spätgotische Schmalhäuser. Auch sie sind mehr als einen Blick wert.

Adresse Ländgasse 50, 84028 Landshut | **Anfahrt** A 92 Ausfahrt Moosburg-Nord, Richtung Landshut Stadtmitte, Großparkplatz Grieserwiese oder Parkhaus Wittstraße, fünf Minuten Gehweg zur Altstadt | **Öffnungszeiten** nur von außen zu besichtigen | **Tipp** Das Ländtor und das Burghauser Tor an der Alten Bergstraße sind die einzigen Torbauten, die von einstmals acht Stadttoren erhalten sind.

46__Das Landschaftshaus

Eine farbenfrohe Renaissancefassade in der Altstadt

Mit der Renaissance fand auch in Landshut die Fassadenmalerei Aufmerksamkeit und Anerkennung. Deshalb konnte diese populäre Darstellungsform in der Herzogsstadt einen unübersehbaren Beitrag zum vielfältigen Altstadtgesicht leisten.

Das imponierendste Beispiel ist das farbenfroh bemalte Landschaftshaus. Es handelt sich um ein traufständiges Gebäude mit elf Fensterachsen und vier Geschossen. Hervorgegangen war es aus drei Bürgerhäusern. Die farbenprächtige Fassade zeigt – von links oben beginnend – in drei Reihen insgesamt 30 mit Namenskartusche und Wappen versehene Fürstenbildnisse des Hauses Wittelsbach: von Herzog Otto I. bis zu Kurfürst Maximilian I. Die Wittelsbacher formten von 1180 an 800 Jahre lang das Land Bayern. Sie waren zweifellos das bestimmende Herrschergeschlecht in diesem südlichen Teil Deutschlands.

Unter den Fenstern sind die allegorischen Figuren der drei göttlichen Tugenden Glaube, Liebe und Hoffnung zu sehen. Sie sind begleitet von den vier sittlichen Tugenden Gerechtigkeit und Wahrheit auf der linken Seite sowie Stärke und Reinheit rechts. Gemalt wurden sie vom Landshuter Hans Georg Knauf.

Als »Landschaft« wurden die niederbayerischen Landesstände, also die Vertreter von Adel, Geistlichkeit und Bürgerschaft, bezeichnet. Sie hatten vom 16. bis Anfang des 19. Jahrhunderts im Zentrum von Landshut ihren Sitz. Ohne ihre Zustimmung durften ab 1311 keine Steuern erlassen werden. Als die Landstände zu Beginn des 20. Jahrhunderts aufgelöst wurden, fand das Gebäude eine neue Verwendung als Postamt und als wichtige Buchhandlung.

Was nicht sehr bekannt ist: Am 8. Oktober 1868 wurde der Maler Max Slevogt im Landshuter Landschaftshaus geboren. Slevogt zählt zusammen mit Lovis Corinth und Max Liebermann zu den bekanntesten Vertretern der deutschen Landschafts- und Freilichtmalerei. Ob er dabei wohl an seine Geburtsstätte gedacht hat?

Adresse Altstadt 28, 84028 Landshut | **Anfahrt** A 92 Ausfahrt Moosburg-Nord, Richtung Landshut Stadtmitte, Großparkplatz Grieserwiese oder Parkhaus Wittstraße, fünf Minuten Gehweg zur Altstadt | **Tipp** Natürlich sollten Sie sich unbedingt die St.-Martins-Kirche in der Altstadt ansehen. Sie hat den größten Backsteinturm der Welt.

47 Das Pappenberger Haus

Generöses Bürgertum in der Altstadt

Es war ein allgemeines Phänomen in Deutschland: Der Einfluss der etablierten Bürger nahm im 15. Jahrhundert deutlich zu. Sichtbarer Ausdruck dessen und auch des steigenden Wohlstands sind heute immer noch sehr ansehnliche, mitunter auch repräsentative Bauten. Das Pappenberger Haus gegenüber vom Landshuter Rathaus ist ein beeindruckendes Beispiel dafür.

Das dreigeschossige Haus weist einen imposanten spätgotischen Treppengiebel auf. Die stolzen Zinnen werden von Spitzbogenöffnungen durchbrochen. Kleine Türmchen treten aus der Fassade hervor und lockern diese auf. Das Rauputzdekor stammt nach Erkenntnissen der Denkmalpfleger aus dem späteren 17. Jahrhundert und war typisch für das Landshut jener Zeit. Damals waren die Grafen von Porta die Eigentümer. Das Wandgemälde über der Toröffnung zeigt die Himmelskönigin mit zwei schildhaltenden Engeln, darunter ist das Wappen des Grafen Max Portia und seiner Gemahlin zu sehen. Seinen Namen hat das Haus aber von der Familie Pappenberger, die das Gebäude zwischen 1878 und 1909 besaß. Der Münchner Kaufmann Ludwig Pappenberger war nach Landshut gezogen und hier als Kolonialwarenhändler erfolgreich.

Durch den gotischen Torbogen gelangt man in einen von einem Netzgewölbe mit fünf Jochen überspannten Flur. Nach hinten schließt sich ein viergeschossiges Rückgebäude aus unverputztem Backstein an. In der Bankfiliale im Erdgeschoss können Besucher das Netzgewölbe mit wappengeschmückten Schlusssteinen bewundern. Als Planer gilt der geachtete Steinmetz Hans Krumenauer. Er war Kirchenbaumeister der prächtigen St.-Martins-Kirche in der Nähe.

Die Landshuter Altstadt ist der historische Mittelpunkt dieser altbayerischen Residenzstadt. Stolz sind die Landshuter darauf, dass auch bei den späteren Bauten des Barock und Historismus der bestehende Maßstab der Gotik respektiert wurde.

Adresse Altstadt 81, 84028 Landshut | Anfahrt A 92 Ausfahrt Moosburg-Nord, Richtung Landshut Stadtmitte, Großparkplatz Grieserwiese oder Parkhaus Wittstraße, fünf Minuten Gehweg zur Altstadt | Tipp Unweit der Altstadt sind die Stadtsäle Bernlochner in einem imposanten Gebäudekomplex am Ländtorplatz zu finden.

48 Der Rathausprunksaal

Die Darstellung der großen Fürstenhochzeit

Irgendwie hängt hier alles mit der Landshuter Hochzeit von 1475 zusammen. Da darf der Rathausprunksaal nicht hinten anstehen. Ganz im Gegenteil: Der umlaufende Gemäldezyklus an den Wänden widmet sich der Ankunft der polnischen Königstochter Hedwig auf der Grieserwiese. Ausgesuchte Münchner Hofmaler bekamen um 1880 den ehrenvollen Auftrag, die Gemälde auszuarbeiten. Der Saal im ersten Stock des Rathauses ist ein »Prachtbeispiel der dekorativen Kunst im 19. Jahrhundert«, so die zutreffende Internetveröffentlichung der Stadt.

Das großflächige Bildereignis schimmert und prangt in sattester Farbenkraft und naturalistischer Darstellungsform. Ein herzoglicher Herold blickt selbstbewusst vom Ross, Fanfarenbläser bahnen den Rittern lautstark den Weg, der Kaiser ist der respektgebietende Mittelpunkt. Aber auch der Hofnarr in roten Gewändern hat seinen Platz sowie das staunende, vielköpfige Volk. Im Mittelpunkt des Zyklus steht natürlich der junge Herzog Georg auf seinem rassigen Rappen, seine zugedachte Gemahlin Hedwig hält sich noch etwas unsicher an der Seite des künftigen Regenten.

Während der originalen Landshuter Hochzeit 1475 fand in diesem Prunksaal der Tanz der Brautleute statt. Für den Besucher ist es heute im Rathaussaal dagegen ruhig, das dunkle Holzgestühl passt ausgezeichnet zur Würde des Raumes. Die gewaltige Decke trägt die Wappen wichtiger Ratsgeschlechter, geschnitzte Fratzen sind den Wasserspeiern gotischer Dome nachempfunden. Auch die aufwendig gearbeiteten Kachelkamine fallen ins Auge – sie sind beachtenswerte Beispiele für die nach wie vor sehr geschätzte Hafnerkunst in Landshut und Umgebung.

Das Landshuter Rathaus besteht aus drei gotischen Giebelhäusern, die seit dem Umbau von 1860 zur Altstadt hin eine neugotische Fassade besitzen. Architekt war der weithin bekannte Georg Hauberrisser.

Adresse Altstadt 315, 84028 Landshut | Anfahrt A 92 Ausfahrt Moosburg-Nord, Richtung Landshut Stadtmitte, Großparkplatz Grieserwiese oder Parkhaus Wittstraße, fünf Minuten Gehweg zur Altstadt | Öffnungszeiten Mo – Fr 14 – 15 Uhr oder nach Vereinbarung (Fragen Sie im Erdgeschoss beim Tourismusverein nach.) | Tipp Gehen Sie einfach weiter durch die altbayerische Residenzstadt. Staunen Sie über dieses prächtige Stadtensemble.

49 Der Röcklturm

Keimzelle für eine Bürgerverschwörung

Die Überlieferung ist zwar etwas unbestimmt, findet aber immerhin Eingang ins Historische Lexikon in Bayern. Demnach war der gotische Röcklturm (vorher: Fischmeisterturm) direkt an der Isarpromenade im Jahr 1410 Ausgangspunkt einer Bürgerverschwörung gegen Herzog Heinrich den Reichen. Allerdings sollen die Absichten des Kreises um Dietrich Röckl von dessen untreuer Ehefrau an ein Mitglied des herzoglichen Hofes verraten worden sein. Ein Angriff auf die Burg Trausnitz blieb danach erfolglos. Noch heute erinnert eine Sage an das Ereignis: Ein Hofnarr belauschte die Verschwörer und eilte auf schnellstem Weg eine Burgtreppe, den »Narrensteig«, hinauf, um den Herzog zu warnen. – Die Angelegenheit mündete in einen »blutigen Karfreitag«, bei dem die Beteiligten verhaftet und zum Tode verurteilt oder aus der Region verwiesen wurden. Nach den Unruhen von 1410 musste die Stadt Landshut schmerzhafte Eingriffe des Herzogs in ihre Selbstverwaltung erdulden.

Der Röcklturm unterhalb des Ländtores war einst Teil der westlichen Stadtmauer. Seit der Sanierung von 1990 dienen seine Räume für Wechselausstellungen der Stadt Landshut. Drei stilvolle Etagen stehen hier zur Verfügung. Gezeigt werden in der Regel Werke von Künstlern aus der Region. Und ein weiteres kulturelles Ziel wird seit 2004 verfolgt: Zur 800-Jahr-Feier der Stadtgründung wurde im Erdgeschoss des Landshuter Stadtwahrzeichens ein Literaturcafé eingerichtet. Der Röcklturm soll damit nach dem Willen der Stadtverantwortlichen als eine Keimzelle für das geschriebene Wort dienen. Gerne treffen sich hier in historischem Ambiente Kulturschaffende und Kulturinteressierte. Zum gemütlichen Schmökern liegen in ungezwungener Atmosphäre Bücher, Tageszeitungen und Zeitschriften bereit.

Im Sommer lockt eine gemütliche Freifläche mit den Annehmlichkeiten einer Flusspromenade vor das Literaturcafé.

Adresse Isarpromenade 2, 84028 Landshut | **Anfahrt** A 92 Ausfahrt Moosburg-Nord, Richtung Landshut Stadtmitte, Großparkplatz auf der Grieserwiese oder Parkhaus Wittstraße, Fußweg fünf Minuten stadteinwärts, Isarpromenade | **Öffnungszeiten** Mai–Okt. Di–So 14–18 Uhr | **Tipp** Sie sollten etwas im Innenstadtbereich der Freyung promenieren. Neben interessanten Geschäften steht hier mit der Kirche St. Jodok die älteste Pfarrkirche der Stadt.

50 Die Stadtresidenz

Eine prächtige Kassettendecke in südländischem Flair

Der Italienbesuch von Herzog Ludwig X. anno 1536 hat in der Landshuter Altstadt auch heute noch viel bestaunte Folgen. Ludwig war vom Palazzo del Te des Giulio Romano in Padua derart nachhaltig beeindruckt, dass er unverzüglich mit viel Geld italienische Bauleute in seine Residenzstadt Landshut lockte. Sein brennender Wunsch: Neben dem bereits begonnenen, so bezeichneten »Deutschen Bau« in der Altstadt mit später umgestalteter klassizistischer Fassade sollte eine dreiflügelige Anlage nach südländischem Vorbild entstehen. So kam es zwischen 1536 und 1543 zum Bau des ersten »italienischen Palazzo« nördlich der Alpen. Gemeint ist damit der Nord-, West- und Südtrakt am Arkadenhof. Ein breites Portal führt in den Innenhof.

Außen- und Innengestaltung des Renaissancebaues verweisen auf den Wohlstand der Landshuter Herzöge und der gesamten Region im späten 15. Jahrhundert. Die Baukosten jedenfalls spielten eine untergeordnete Rolle. Dementsprechend wurden die Baustoffe aus allen Regionen herbeigeschafft, die Außergewöhnliches zu bieten hatten: Marmor natürlich aus Italien, Blei aus Salzburg, Pflastersteine aus Regensburg. Der Italienische Bau umschließt mit dem östlich gelegenen Deutschen Bau den rechteckigen Innenhof. Über eine breite Treppe kommt der Besucher in den beeindruckenden Italienischen Saal. Es handelt sich dabei um eine tonnengewölbte Halle mit reich ausgestatteten Kassettenfeldern im Gewölbe.

Gezeigt werden Feldherren und Kaiser, aber auch Gelehrte und Dichter der klassischen Antike. Das gesamte Bildprogramm ist der Gelehrsamkeit des Humanismus verpflichtet und mahnt besonnene Regierungen in Kriegs- und Friedenszeiten zur Menschlichkeit. Die Ausmalung besorgte neben anderen Hans Bocksberger der Ältere.

Mit dem Italienischen Saal beginnt eine Reihe von Prunkgemächern, die vorwiegend mit Gestalten der antiken Götterwelt ausgemalt sind.

Adresse Altstadt 79, 84028 Landshut | Anfahrt A 92 Ausfahrt Moosburg-Nord, Richtung Landshut Stadtmitte, Großparkplatz Grieserwiese oder Parkhaus Wittstraße, fünf Minuten Gehweg zur Altstadt | Tipp Im Park bei der Wittstraße steht ein stolzer Musikpavillon, der 1903 anlässlich einer großen Gewerbeschau errichtet wurde. Von hier aus sehen Sie ausgezeichnet zur Burg Trausnitz hinauf.

51 Das Zeughaus

Der Fundus der Landshuter Hochzeit

Das Zeughaus des Vereins »Die Förderer e. V.« wurde 1986 neben dem Turnierplatz am Großparkplatz an der Grieserwiese erbaut. Das Äußere erinnert an ein modernes Scheunengebäude. Etwa 2.300 Kostüme geben in den großzügigen, lichtvollen Räumen einen Einblick, wie viel ernst zu nehmender Aufwand hinter den Kulissen des großen Spektakels der historischen Landshuter Hochzeit von 1475 betrieben wird.

Zu den Gewändern kommen mehr als 10.0000 Einzelstücke der Darsteller – das sind Gürtel aus Leder, Taschen ohne moderne Schließen, einstmals verwendeter Schmuck aus dem fürstlichen Gefolge, aber auch einfache Kleidung von Reisigen und Mägden, Spielleuten und Knappen. Die einzelnen Stücke sind peinlich genau registriert und nummeriert, alles ist an seinem Platz und bei Bedarf zu finden.

Besonders die prächtigen Ritterrüstungen sorgen bei den Besuchern für Begeisterung. Eigens ausgesuchte Fachleute stellen nach alten Vorlagen immer wieder »neue« Rüstungen her beziehungsweise bessern alte aus. Werden wieder einmal ältere Quellen ausgegraben, werden die Utensilien unverzüglich angepasst. Kinder können einen wirklich anschaulichen Geschichtsunterricht bekommen. Auch die mittelalterlichen Waffen wie Dolche und das Zaumzeug der Pferde spiegeln die exakte Zeitstellung von 1475 wider. Im Zeughaus ist auch die Nähstube des Fundus untergebracht. Etwa 30 Frauen und Männer arbeiten hier ehrenamtlich. Sie sorgen nicht nur für die sachgemäße Pflege der Utensilien, sondern hüten sie auch wie ihren Augapfel. Somit ist das Zeughaus der Förderer Rückhalt und Schatzkammer für die spektakulären Aufführungen.

Die Landshuter Hochzeit von 1475 zählt zu den größten und bekanntesten Historienspielen in Europa. Alle vier Jahre lassen weit über 2.000 Mitwirkende die Vermählung zwischen Herzog Georg und der polnischen Königstochter Hedwig wieder aufleben.

Adresse Wittstraße 1, 84028 Landshut | Anfahrt A 92 Ausfahrt Moosburg-Nord, Richtung Landshut Stadtmitte, Großparkplatz Grieserwiese | Öffnungszeiten Führungen unter »Die Förderer« e. V., Spiegelgasse 208, Tel. 0871/22918 | Tipp Ein Denkmal Ludwigs des Reichen steht am Dreifaltigkeitsplatz. Ludwig der Reiche war der Vater Georgs des Reichen, den er 1475 mit der polnischen Königstochter Hedwig bei der Landshuter Hochzeit verheiratete.

52 Der Hofgarten

Naherholung in der Stadt

Es müssen beim ersten Mal ja nicht alle acht Kilometer sein, die das befestigte Wegenetz des Hofgartens umfasst. Der Spaziergang in dem über 30 Hektar großen Areal soll schließlich entspannend sein – abwechslungsreich ist er ohnehin. Hier schattenspendende, zum Teil auch exotische Bäume, dann wieder eine Lichtung mit einer Skulptur im Blickpunkt.

Der Hofgarten ist ein beliebtes Naherholungsgebiet am Rande des eng bebauten Zentrums der niederbayerischen Bezirkshauptstadt. Der am tiefsten gelegene Punkt ist an der Freyung. Bis ganz nach oben sind 90 Meter zu überwinden. Die durchaus steilen Hänge im unteren Teil weisen einen dichten Buchenmischwald auf, der obere Teil ist parkartig angelegt. Hier sind vielfarbige Blumenbeete in großer Anzahl zu finden. Dazu laufen die Wege auch relativ flach und sind damit leicht begehbar.

In alten Urkunden wird der Hofgarten bereits 1452 als Wildgehege bezeichnet. Hier jagten die Landshuter Herzöge Wildschweine und Rothirsche. Dies war bis Mitte des 18. Jahrhunderts so. Danach diente das Areal etwa als Experimentierfeld für die Seidenraupenzucht oder für das Kultivieren von Obstbäumen. Als die Königliche Universität im Jahre 1800 von Ingolstadt nach Landshut zog, ging bald danach der Hofgarten in das Eigentum der Hochschule über und wurde für landwirtschaftliche Versuche genutzt. Im Jahre 1836 schließlich kam der Hofgarten zur Stadt Landshut und konnte ein Jahr später der Öffentlichkeit zugänglich gemacht werden.

Die ursprüngliche Tierhaltung im Hofgarten wird auch heute noch betrieben. Nach wie vor gibt es ein Gehege mit Damhirschen. Außerdem befinden sich auf dem Gelände Volieren mit verschiedenen Fasanen- und Taubenarten. Die Meerschweinchen, Zwergziegen, Pfaue sowie zwei Ententeiche sind vor allen Dingen für die jüngsten Besucher des Hofgartens ein Anziehungspunkt.

Adresse Hofgarten, 84036 Landshut-Berg | Anfahrt A 92 Ausfahrt Moosburg-Nord, Richtung Landshut Stadtmitte, Beschilderung »Burg Trausnitz« folgen, Parkplätze vorhanden | Öffnungszeiten 6–21 Uhr | Tipp Den schönsten Ausblick über Landshut haben Sie vom »Burgschanzl« aus. Der Punkt ist für Spaziergänger in 20 Minuten vom Parkplatz am Hofgarten aus zu erreichen. Sie sollten sich diesen Ausblick unbedingt gönnen!

53 Die Narrentreppe

Commedia dell'arte in der Burg Trausnitz

Im italienischen Anbau der Burg Trausnitz entstand im späteren 16. Jahrhundert die außergewöhnliche »Narrentreppe« mit Szenen aus dem italienischen Possenspiel Commedia dell'arte. Die abgebildeten Personen sind lebensgroß und sehr naturalistisch dargestellt. Es handelt sich um die früheste derartige Darstellung nördlich der Alpen. Die künstlerische Qualität der Illusionsmalerei wird unter Fachleuten gerühmt. Prinz Wilhelm – der spätere Herzog Wilhelm V. von Bayern – hat den Auftrag dazu gegeben. Auch seine Frau Renata von Lothringen muss als Initiatorin genannt werden.

Das Possenspiel Commedia dell'arte um Liebe und Eifersucht wurde von fahrenden Komödianten aus dem Stegreif vorgetragen. Im Zentrum stehen dabei immer die gleichen Personen. Die bekannteste ist der Pantalone, so wurden nach dem Ende der venezianischen Handelsmacht Kaufleute bezeichnet. Der Pantalone muss die Rolle eines lächerlichen alten Liebhabers übernehmen. Sein Diener Zanni und andere Personen sind ebenfalls süffisant in Szene gesetzt. Die Landshuter Narrentreppe ist ein sehr lebendiges Bildzeugnis dieses einstmals an Fürstenhöfen beliebten Zeitvertreibs. Sie kann aus konservatorischen Gründen nur durch ein Fenster eingesehen werden.

Die Burg Trausnitz überblickt seit Jahrhunderten die prächtige Stadt Landshut. Die heutige Burg stammt in ihren ältesten Teilen aus dem Jahr 1204, als Herzog Ludwig der Kelheimer Landshut begründete. Im 15. Jahrhundert ließen die reichen Herzöge von Bayern-Landshut, Ludwig IX. und Georg der Reiche, die Anlage erweitern. Die ursprüngliche Burg Landeshuata wurde im 16. Jahrhundert in Burg Trausnitz (Traus nitz = Trau dich nicht) umbenannt. Die mächtige Anlage war bis 1503 fast durchgehend Herzogssitz des niederbayerischen Ablegers der Herrscherfamilie Wittelsbacher. Ab 1516 ließ Herzog Ludwig X. sie in einen prächtigen Renaissancepalast umbauen.

Adresse Burg Trausnitz 168, 84036 Landshut-Berg | Anfahrt A 92 Ausfahrt Moosburg-Nord, Richtung Landshut Stadtmitte, Wegweiser zur Burg Trausnitz, Parkplätze nahe der Burg | Öffnungszeiten April–3. Okt. täglich 9l–18 Uhr, 4. Okt.l–März täglich 10l–16 Uhr | Tipp In der Nähe ist das Hofbergmuseum des weltbekannten Bilderhauers Professor Fritz König. Das Museum ist in den Hofberg gebaut – ein absolutes »Muss« in Landshut!

54 Das Dorf Hellring

Ein ganz besonderer »Kulturgenuss«

Mindestens zweimal im Jahr lohnt der Besuch von Hellring allemal. Dieser Hinweis gilt für Naturfreunde ebenso wie für »Erlebnishungrige«. Staunen ist garantiert!

Hellring ist ein Dorf mit etwa 50 Einwohnern. An einem beliebigen Sommertag finden sie hier – eben ein Dorf mit 50 Einwohnern. Da laufen Hühner durchs Gelände, die Anwesen sehen aus wie andernorts, die wenigen Straßen drum herum sind eng.

Inmitten von Hellring steht eine barocke Kirche mit einem landschaftstypischen Zwiebelturm. Sie ist allerdings schon bemerkenswert. Einerseits wurde sie Ende des 20. Jahrhunderts aufwendig restauriert und wird von den Augustiner-Chorherren des nahen Klosters Paring betreut. Andrerseits ist sie Ottilia geweiht, jener Heiligen, die bei Augenleiden angerufen wird. Um diesen Glauben herum entstand eine Wallfahrt, die im 12. Jahrhundert erstmals erwähnt wurde. Daraus wiederum entwickelte sich ein Fest, dass »der Hellring« genannt wird. Da sollten sie dann das zweite Mal in den Ort kommen – sie werden ihn kaum wiedererkennen. Der Namenstag der heiligen Ottilia ist zwar der 13. Dezember, der weltliche Hellring findet aber »wegen des besseren Wetters« bereits am zweiten Sonntag im Oktober statt. Dieser Sonntag dauert allerdings von Donnerstag bis Montag. Das ist schon eine besondere Zeitrechnung.

In diesen Tagen ist in Hellring der Teufel los, man kann es nicht anders beschreiben. Tausende von Besuchern aus nah und fern essen und trinken, als gäbe es so schnell nicht wieder etwas. Dabei bewirten die Hellringer Einheimischen die Gäste bei sich zu Hause. Sie räumen ihre Häuser aus und nutzen diese fünf Tage lang als Wirtsstuben. Das erlaubt ihnen das traditionelle Recht auf »einschenken und auskochen« während der Wallfahrt.

Auf den Tellern türmen sich Enten, Gänse und Schweinefleisch – reichlich Bier aus Brauereien der Umgebung darf natürlich auch nicht fehlen.

Adresse 84085 Langquaid-Hellring | **Anfahrt** A 93 Ausfahrt Hausen, KEH 10 Richtung Lanquaid, abbiegen KEH 26 Richtung Hellring | **Tipp** Hellring gehört zur Gemeinde Langquaid. Hier gibt es im Ortskern eine Reihe von gut erhaltenen Ackerbürgerhäusern. Diese Gebäude sind sowohl Wohn- als auch Arbeitsstätten.

55 Das Freilichtmuseum

Handfestes Leben in früheren Zeiten

Der typische Rottaler Vierseithof ist eine traditionelle Hofform, die von allen Seiten umschlossen, also geschützt ist. Ein stabiles Holztor hält die Welt draußen, das Leben drinnen erscheint bestmöglich abgesichert. Vereint sind im Innenbereich das Wohnhaus, die Scheune, ein Getreide- oder Kornhaus sowie der Viehstall. Vierseithöfe geben dem Besucher ein angenehmes Gefühl von Geborgenheit – so auch der zentrale »Schusteröderhof« in Massing. Mit ihm wurde 1969 das »Museum für das ländliche Siedlungswesen« begonnen.

Doppelter Schrot mit gedrechselten Balustern – hier ist alles im Bestand original, wenn nötig natürlich auch restauriert. Das zentrale Wohnstallhaus stammt von der Einöde Schusteröd. Wie die Wissenschaftler vom Bezirk Niederbayern mitteilen, wurde es 1770 bei Massing erbaut, 1966 abgebrochen und bis 1969 mit wenigen Veränderungen wiederaufgebaut. Der Holzblockbau ist ein Stockhaus mit Eingang an der Giebelseite. Im Inneren kann sich der Besucher, mit leicht eingezogenem Kopf, in den niedrigen Räumen einen plastischen Eindruck vom früheren Landleben verschaffen. Da ist kein Platz für nostalgische Schwelgereien. Die Lebensverhältnisse waren auch nicht dementsprechend – schon gar nicht für das bäuerliche Personal, das ganz klare Hierarchien vorfand. Alle weiteren Einzelgebäude des Hofes wie Stadel, Wagenschupfen, Getreidekasten oder Backhaus sind vollständig aus Holz und um den viereckigen Innenhof gruppiert.

Um über das bäuerliche Leben zu sinnieren, kann sich der Besucher nach der Hausbesichtigung im Museumswirtshaus niederlassen und zu einem Bier ein Rottaler Kartoffelbratl (mit Kartoffeln geschmorter Schweinebraten) verspeisen. Auch die anderen Hofstellen im Freilichtmuseum von Massing verzichten auf jegliches Disneyland. Den interessanten Ausflug beschließen kann man im Ausgangsbereich im Museumsshop. Hier gibt es etwa selbst gemachte Marmelade.

Adresse Steinbüchl 5, 84323 Massing-Steinbüchl | **Anfahrt** A 3 Ausfahrt Straubing, B 20 Richtung Simbach / Eggenfelden, B 388 Richtung Vilsbiburg, Beschilderung Massing folgen | **Öffnungszeiten** Di – So 16. März – April und Okt. 9 – 17 Uhr, Mai – Sept. 9 – 18 Uhr | **Tipp** Die Bürgerhäuser auf dem Marktplatz im nahen Gangkofen zeigen zum Teil noch die früher üblichen, typischen Schweifgiebel.

56 _ Die Klosterbibliothek

Erbauliche Schriften für die Benediktiner

In der Bibliothek im Ostflügel der Abtei Metten vermittelt sich Geistesgröße nicht nur durch uralte Schriften und Bücher, sondern auch durch architektonische Glanzleistungen.

Bereits die großen Stuckfiguren am Portal stellen die Allegorien der Weisheit und der Religion dar. Das relativ flache Gewölbe wird im Mittelraum von zwei Atlantenpaaren nicht nur gestützt, diese überlebensgroßen Jünglingsfiguren scheinen vielmehr das gesamte Gewicht des Gewölbes zu tragen. Eine größere Kraftanstrengung ist in ihren Gesichtern jedoch nicht zu erkennen. Verspielt geht es weiter: Die Reliefs in den Ecken sind Allegorien der Wissenschaften und Künste. Sie entsprechen den Inhalten der aufbewahrten Prachtbände. Bestimmend für den gesamten Raumeindruck ist ein Zyklus von 14 Fresken. Die Leitidee dahinter: Die höchste anzustrebende Weisheit resultiert nicht alleine aus Büchern und gelehrten Schriften, sondern vielmehr aus der göttlichen Offenbarung und dem Glauben. Der Glaube steht damit über dem Wissen, so die Aussage.

Wenn dann noch von draußen das Licht der unterschiedlichen Jahreszeiten hereinquillt oder -schimmert, dann stehen mit etwas Phantasie studierende Benediktiner aus vielen Jahrhunderten im Raum. Die Bibliothek umfasst insgesamt 200.000 Bände. Schwerpunkte sind Geschichte, Philosophie und Philologie. Darunter sind auch 250 Inkunabeln – unter anderem die Schedelsche Weltchronik von 1437. Die älteste Urkunde stammt aus dem Jahr 837.

Die aufgesetzten Zwiebeltürme der Abteikirche St. Michael ragen selbstbewusst hinaus in die niederbayerische Donauebene. Der Klosterkomplex ist mauerbewährt und beherbergt ein renommiertes Gymnasium. Aus dem frühen Rodungskloster heraus betrieben die Benediktiner einst Aufbauarbeit im Inneren Bayerischen Wald bis an den Fluss Regen. Das verleiht nach wie vor Gelassenheit nach der selbst gewählten Regel: »ora et labora«, bete und arbeite.

Adresse Abteistraße 3, 94526 Metten | **Anfahrt** A 3 Ausfahrt Deggendorf-West/Metten, DEG 15 Richtung Metten | **Öffnungszeiten** nur mit Führung zugänglich, Tel. 0991/91080 | **Tipp** Nur wenige Kilometer entfernt liegt in der Gemeinde Offenberg das Himmelberg-schlösschen. Es war einst die Sommerresidenz der Mettener Mönche (nur von außen zu bestaunen).

57 Die Hien-Sölde

Wie Kleinbauern vor 600 Jahren lebten

So einfach wie früher, als Kleinbauern hier in der Burgstraße lebten, steht die Hien-Sölde (Alte Sölde) noch heute in Mitterfels. Sicherlich: Bauliche Veränderungen durch wechselnde Verwendungen haben das landwirtschaftliche Anwesen äußerlich etwas wachsen lassen. Die Grundstruktur ist aber auch nach Jahrhunderten nachvollziehbar erhalten. Der älteste Blockbau Niederbayerns – so sagen Fachleute – lässt sich im Erdgeschoss auf das Jahr 1436 datieren. Der Kniestock wurde 1617 aufgesetzt. Hien-Sölde ist der Name, der sich im Sprachgebrauch bis heute als Bezeichnung für das Gebäude gehalten hat. »Sölde« war ein Anwesen von Kleinbauern, und »Hien« ist der Name der Familie, die ab 1747 Besitzerin des Gebäudes war. Eine letzte Nachfahrin bewohnte das Haus bis zu ihrem Tod in den 1990er Jahren. Das eingeschossige, verputzte Anwesen mit einem schützenden Satteldach wurde zu Beginn des 19. Jahrhunderts auch als erstes Schulhaus in Mitterfels genutzt. Auffallend sind immer noch der breite Hausflur und die geräumige Stube im Erdgeschoss.

Als der Verfall begann, engagierte sich ein Förderverein für den Erhalt, schließlich für die Sanierung. Ausschlaggebend war dabei der Gedanke, dass ländliche Baukultur stets im Schatten der Herrschaftsgeschichte von Schlössern und Kirchen gestanden ist. Das Wissen um die »kleinen Leute« ist aber wichtig für die Kulturgeschichte, so fanden die Initiatoren der Wiederbelebung der Hien-Sölde. Eigentümer des historischen Gebäudes ist ein eigens gegründeter Förderverein, der nach drei Jahren Bauzeit Ende 2013 die Wiedereröffnung feiern konnte.

Was den bejubelten Erfolg dann komplett machte: Die Volksmusikstelle für Niederbayern und Oberpfalz des Bayerischen Landesvereins für Heimatpflege ist als Mieter in dem Gebäude eingezogen. Damit ist die Wiederbelebung dieses 600 Jahre alten Hauses eindrucksvoll gelungen. Heimatgeschichte und Gegenwart gehen damit Hand in Hand in die Zukunft.

Adresse Burgstraße, 94360 Mitterfels | **Anfahrt** A 3 Ausfahrt Straubing, B 20 Richtung Cham, Wegweiser Mitterfels folgen | **Tipp** Das ehemalige Gefängnis wurde im 18. Jahrhundert in den Turmzwinger eingefügt. Hier befindet sich seit 1982 das Heimatmuseum mit originalen Gefängniszellen.

58 Das Infohaus

Ein lebendiger Naturkundeunterricht

Die im Jahre 2000 durch den Landkreis Deggendorf eröffnete Anlage liegt in unmittelbarer Nähe zu herrlichen Auwäldern von europaweiter Bedeutung. Auf 250 Quadratmetern Ausstellungsfläche wird das Informationsangebot auf vielfältige Weise präsentiert. So werden etwa Magerrasen und Feuchtwiesen als Lebensräume für zahlreiche gefährdete Pflanzen und Tiere aufgezeigt. Und wer wusste vor dem Besuch schon Genaueres über die »natürliche Dynamik« im Übergangsbereich von Wasser und Land? Verstärkt wird der Lerneffekt dadurch, dass in das Haus auch die Umweltstation des Landesbundes für Vogelschutz und eine Dauerausstellung des Wasserwirtschaftsamtes Deggendorf eingebunden sind. Außerdem gibt es einen Lehrbienenstand des Imkereiverbandes Plattling.

Direkt nachvollziehbar wird das Naturerlebnis natürlich im gut sieben Hektar großen, sich direkt anschließenden Freigelände bei Moos. Naturkundeunterricht kann ja so anschaulich sein. Die ursprünglichen Lebensräume der Aue sind hier hautnah zu betrachten. Neben den ohnehin bestehenden Weidengehölzen wurde ein Fließgewässer mit sich selbst überlassenen Ufern angelegt. Eine spannende Sache für Interessierte, die natürliche Zusammenhänge verstehen möchten.

Einen Überblick gibt es vom 2010 neu errichteten Informations- und Aussichtsturm auf dem Außengelände aus. Er ist nicht sehr hoch, deshalb auch für Kinder bestens geeignet und dementsprechend konzipiert. Hier gelingt dann die landschaftliche Einordnung des gesamten Isarmündungsgebietes im Deggendorfer Land. Die Isar und die mäandernde Donau treffen in diesem Bereich zusammen. Auf der höchsten Etage des Turmes sind drei erklärende Schautafeln angebracht. Die Kinder, die hier einen Freiluftunterricht bekommen, werden das Thema Auenlandschaft und Ursprünglichkeit der Natur sicherlich im Gedächtnis behalten. Und ihre Eltern werden wieder daran erinnert.

Adresse Maxmühle 3, 94554 Moos-Maxmühle | Anfahrt B 8 Plattling, sechs Kilometer Richtung Osterhofen, links abbiegen Richtung Moos. Nach dem Ortsende von Moos ist bereits die Ortschaft Sammern zu sehen. Danach Wegweiser zum Infohaus folgen. | Öffnungszeiten April–Okt. Mi–So 10–17 Uhr | Tipp In der Schlosswirtschaft von Moos wartet im Sommer ein selten schöner Biergarten mit Kastanienbestand auf Ihren Besuch. Wenn es regnet – die ausgezeichnete Speisenkarte gilt auch drinnen.

59_Der Kunstparkur

Eine Erbauung (nicht nur) für den Kurgast

Bad Gögging lockt mit einer andauernden Tradition der »Kunst im öffentlichen Raum«. Zahlreiche Objekte aus früheren Ausstellungen wurden aufgekauft und im weitläufigen Kurzentrum und dem umliegenden, immer wieder ausgebauten Kurpark platziert. Das Anliegen des Kunstparkurs wird bereits durch die touristisch geprägte Schreibweise deutlich: Kunst + Park + Kur = Kunstparkur. Ein Kuraufenthalt sollte also nicht nur aus medizinischen Anwendungen bestehen, sondern zusätzlich auch die Sinne erfreuen. Die Kunst steht dabei in der Landschaft, will also durchaus bei einem angenehmen Spaziergang entdeckt werden.

Ein Beispiel ist der »Tag- und Nachtfalter« der renommierten niederbayerischen Glaskünstlerin Ursula Merker. Die hoch aufragende Plastik auf drei stelzenartigen Füßen überzeugt nicht nur durch ihre Qualität. Sie vermittelt darüber hinaus Leichtigkeit und Zuversicht. Dies mag besonders Kurgäste ansprechen, die sich von einer Krankheit erholen.

Ähnliches gilt sicherlich für Toni Schallers »Wolkenliege«, die auf einer Wiese hinter dem Kurhaus zu allerlei Träumen einlädt. »Seemann, lass das Träumen«, fordert dagegen Paul Feichter, der Badewannen senkrecht postiert hat. Diese Installation ist natürlich auch ein Blickfang erster Güte. Erinnern will sie an die Wellen auf See. Eine Diskussionsgrundlage für den weiteren Spaziergang im Kurgebiet ist das Werk auf jeden Fall. Ein weiteres Beispiel am Wegesrand: der »Flugstein« von Thomas Neumaier. Der Künstler hat einen Granitsockel aus der abgerissenen Donaubrücke bearbeitet. Er soll laut einer Beschreibung der Kurverwaltung die Erdung zeigen, die trotz mancher Höhenflüge auch nötig ist.

Der Kunstparkur will dazu auffordern, die Gedanken der Kunstschaffenden aufzugreifen und – wenn möglich – in die eigenen Gedankenwelten einzufügen. Dieser Prozess könnte auf jeden Fall Körper und Geist in eine angenehm schwingende Harmonie bringen.

Adresse Kurhaus und Kurpark, Am Brunnenforum 3, 93333 Neustadt a. d. Donau-Bad Gögging | **Anfahrt** A 93 Ausfahrt Siegenburg, B 299 Richtung Mühlhausen / Neustadt a. d. Donau, Beschilderung Bad Gögging folgen, Kurzentrum | **Öffnungszeiten** jederzeit zu besichtigen | **Tipp** Im Kurhaus von Bad Gögging ist immer etwas los: Tanzabende, Konzerte, Vorträge (Veranstaltungskalender: www.bad-goegging.de / veranstaltungen / highlights).

60 Das Römische Bademuseum

Heiße Quellen unter dem Kirchenschiff

Das Kirchenschiff von St. Andreas in der historischen Ortsmitte von Bad Gögging liegt exakt über dem zentralen Becken des ehemaligen römischen Bades. Es handelt sich hier um eine der wichtigsten und größten Anlagen dieser Art nördlich der Alpen. 1960 konnte das einzigartige römische Heilbad freigelegt werden, seit 1980 können sich die Besucher hier eindrucksvoll über die römische Badekultur informieren.

Schon der Eingangsbereich mit dem romanischen Portal von St. Andreas ist eindrucksvoll. Das Tympanon zeigt Christus als Weltenrichter, eingerahmt von zwei Engeln. Der innere Bereich des Gotteshauses zeigt dann das früh entwickelte Badewesen der Römer. Durch Ausgrabungen ist belegt, dass sie an Ort und Stelle die gesundheitsfördernde Wirkung des Schwefelwassers genutzt haben. Sie legten damit den Grundstein für das moderne Kurwesen in Bad Gögging. Der Hauptbaderaum mit zentralem Becken und vier Einzelwannen verfügt sogar über eine Unterbodenheizung (Hypokaustenheizung). Die Badeutensilien und ihre Verwendung sowie der Badevorgang werden auf Tafeln verständlich beschrieben. Das Bad hatte wohl ursprünglich Ausmaße von etwa 1.700 Quadratmetern. Zur Gesundung der Gäste standen Räume für Warmwasser- wie auch Kaltwasserbehandlungen zur Verfügung.

Das Römermuseum kann über Stege ausgezeichnet begangen werden, sodass man auch von oben auf die durchaus schon fortschrittliche Technik des alten Badehauses blicken kann.

Der Besucher sieht, wie das Wasser über zwei Feuerstellen erwärmt wurde. Die dabei aufsteigende erhitzte Luft wurde über Kanäle unter die Becken und in die Wände der verschiedenen Räume geleitet. Auch ganz eindrucksvoll: Sogar eine Art Sauna war in dem frühen Bad vorhanden.

Adresse Trajanstraße, 93333 Neustadt a. d. Donau-Bad Gögging | Anfahrt A 93 Ausfahrt Siegenburg, B 299 Richtung Mühlhausen/Neustadt a. d. Donau, Beschilderung Bad Gögging folgen, Kurzentrum | Öffnungszeiten März–Okt. Di–So, feiertags 16–17 Uhr | Tipp Im nahe gelegenen Bauernhofmuseum Riedenburg ist die Entwicklung von der anstrengenden Handarbeit bis hin zu Gas- und Dieselmotoren zu sehen (geöffnet täglich 8–17 Uhr).

61 Das Kastell Eining

Wie die frühen Römer hausten

500 Meter nach dem Ortsschild von Eining steht in einer leichten Kurve eine kleine Kapelle und weist den Weg zum ehemaligen Römerkastell Abusina. In einer bequemen Parkbucht berichtet eine nüchtern aufragende Schrifttafel von dieser einstmals wehrhaften Einrichtung. In dem Kohortenkastell am Rätischen Limes haben um die erste Jahrtausendwende etwa 500 Soldaten gelebt. Neben der militärischen Befestigung gab es auch eine Zivilsiedlung. Der Kontakt zur heimischen Bevölkerung war durchaus gegeben.

Das Gelände ist etwa zwei Hektar groß und besteht auf den ersten Blick aus Mauerresten. 20, 30 Zentimeter hoch sind diese Relikte alter Römerherrlichkeit. Dezent gehaltene Texttafeln erläutern die einzelnen Bauelemente. Wer Näheres wissen will, geht in das landschaftlich gut eingepasste, moderne Informationsgebäude. Er erfährt dann, dass das Kastell Abusina ab dem 1. Jahrhundert wehrhafter Teil einer Kastellkette entlang der Donau war. Die römischen Soldaten sicherten damit 400 Jahre lang die Ostgrenze ihres riesigen Reiches ab. Der Standort wurde einstmals auch deswegen gewählt, weil er strategisch und verkehrsgeografisch als nahezu ideal erschien. Einerseits konnten die Soldaten von hier aus den Schiffsverkehr auf der Donau beobachten, andererseits lag das Legationslager Castra Regina, das heutige Regensburg, nicht allzu weit entfernt.

Das Kastell Abusina ging schließlich durch einen verheerenden Brand im Jahre 430 nach Christus unter. Jetzt gehören die Überreste von Gebäuden und Wehranlagen zum UNESCO-Weltkulturerbe. Ein reicher Bestand an Obst- und Laubbäumen in weiten Rasenflächen unterstreicht die heutige Idylle. Das Römerkastell wurde Ende des 19. Jahrhunderts freigelegt und kann als Freilichtmuseum wahrgenommen und entsprechend besichtigt werden. Es handelt sich nach Ansicht von Fachleuten um das am vollständigsten konservierte Kastell in Bayern.

Adresse Abusinastraße 16, 93333 Neustadt a. d. Donau-Eining | Anfahrt B 16 nach Bad Gögging, Ausschilderung nach Eining folgen | Öffnungszeiten Außengelände jederzeit zugänglich, Führungen April–Sept. Sa 11 Uhr, zusätzliche Führungen für Gruppen jederzeit nach Absprache, tourismus@bad-goegging.de | Tipp Die Fähre diente einst als Donauübergang zwischen Eining und Hienheim. Bereits 1270 wird die Überfuhr urkundlich erwähnt. Durch kriegerische Auseinandersetzungen wurde die Fähre mehrmals zerstört, aber stets wieder in Gang gesetzt. Beliebtes Ausflugsziel ist der Biergarten direkt bei der Anlegestelle.

62 Die Eiserne Hand

Ein »sagenhaftes« Flurdenkmal

Hienheim ist ein lang gestrecktes, ländliches Straßendorf. Der Ort wird bereits um das Jahr 1100 als »Hohenheim« (Heim auf der Anhöhe) erwähnt. Am Ortsende ragt auf einer Bodenwelle das Flurdenkmal »Eiserne Hand« aus der Landschaft heraus. Die Höhe von etwa drei Metern ist durchaus ungewöhnlich. Die verputzte runde Säule hat einen Durchmesser von gut einem Meter. Ein flaches Satteldach schützt die Pieta, die in einer eingelassenen Nische steht. Darüber ist am Mauerwerk die ziemlich naturgetreue schmiedeeiserne Nachbildung einer ausgestreckten Menschenhand angebracht. Sie zeigt in Richtung der vorbeifließenden Donau beziehungsweise zunächst einmal zum Weiler Haderfleck. Eine Texttafel am Bildstock erläutert die geheimnisvolle Sage, die über die »Eiserne Hand« seit urdenklichen Zeiten unter den Einheimischen erzählt wird.

Demnach ist eine Näherin täglich nach Haderfleck zur Arbeit gegangen. Dabei begegnete ihr oftmals ein Wolf, den sie dann stets mit einem Stück Brot fütterte. Das hatte sich sozusagen schon eingespielt zwischen beiden. Eines Tages allerdings hatte die Näherin das Brot vergessen. Sie konnte dem hungrigen Wolf also keine Nahrung anbieten, was diesen wiederum wohl so verärgerte, dass er die Frau kurzerhand auffraß. Allerdings ließ er die rechte Hand über – jene Hand also, die ihm so oft das Brot gegeben hatte. Alternativ nimmt in den Erzählungen auch ein Mädchen aus dem Weiler Haderfleck die Rolle des Opfers ein. Es soll auf seinem täglichen Schulwege den Wolf gefüttert und dann einmal so folgenreich enttäuscht haben. Der Wolf entsprach also eindeutig seiner Rolle als Bösewicht.

Man kann das Flurdenkmal »Eiserne Hand« allerdings auch als das sehen, was es vielleicht wirklich war: ein Wegweiser und eine Warnung für Forstfrevler, denen bis ins 17. Jahrhundert wegen ihres verbotenen Tuns das Abschlagen der Hand drohte. Diese Deutung ist sicherlich die wahrscheinlichere.

Adresse Ortsrand, 93333 Neustadt a. d. Donau-Hienheim (gegenüber Eining) | Anfahrt B 8 in Richtung Bad Gögging, an der Verbindungsstraße von Neustadt über Irnsing nach Essing | Tipp Den Beginn des mächtigen römischen Erdwalls Limes markiert die »Hadrianssäule«, ein 1856 an der Straße nach Kelheim errichtetes Denkmal.

63 Die byzantinische Kirche

Gelebte Ökumene im Benediktinerkloster

Die raumgreifende Hallenkirche des Benediktinerklosters Niederaltaich dominiert seit 700 Jahren die niederbayerische Donaulandschaft unterhalb der Isarmündung. Die zwei mächtigen Türme von St. Mauritius sieht jeder Autofahrer auf der A 3 in Höhe von Deggendorf. Die Klosterkirche zählt zu den herausragenden Sakralbauten innerhalb des süddeutschen Barocks.

Die byzantinische St.-Nikolaus-Kirche auf dem Klostergelände ist weitaus weniger Menschen ein Begriff – allerdings wiederum doch so vielen, dass ihr Vorgängerbau allmählich zu klein wurde. Im Jahre 1986 konnte im Bereich der ehemaligen Klosterbrauerei kurz hinter dem Eingang zur Anlage die heutige byzantinische Kirche eingeweiht werden. Den Besucher umfängt in dem barocken Umfeld mit dem stilreinen Gewölbe eine unerwartet mystische Atmosphäre mit herausragender Akustik. Man kommt durch eine – tagsüber zugängliche – äußere und innere Vorhalle. Es ist düster hier, finster fast. Die Lautstärke vermindert sich automatisch. Allerdings ist dies wohl auch die gewollte, zumindest passende Umgebung für eine prächtige Bilderwand, die zwischen dem Kirchenschiff (Naos) und dem Altarraum (Heiligtum) zu sehen ist. Vielfarbig schimmern die sakralen Kunstwerke dem Besucher entgegen. Die Ikonostase (Bilderwand) hat gemäß der ostkirchlichen Tradition eine genau festgelegte Ordnung und ist mit zahlreichen Einzelikonen geschmückt. Die Ikonen und die Architektur sollen nach der Vorstellung der byzantinischen Kirche eine Einheit bilden, die den Besucher hin zu seiner eigenen Ganzheit führt.

Im Benediktinerkloster Niederalteich wird die Ökumene vielfach sichtbar. So leben hier nicht nur römische und byzantinische Mönche in einer Gemeinschaft, vielmehr ist das Haus auch Gästen geöffnet. Die Stichworte sind hier »Kloster auf Zeit« oder auch andere Einkehrzeiten. Ob jung oder alt – das Entrümpeln der Seele hat schon manchen Gast nachhaltig verändert, so heißt es.

Adresse Mauritiushof 1, 94557 Niederalteich, www.abtei-niederaltaich.de | Anfahrt A 3 Ausfahrt Hengersberg, Wegweiser nach Niederaltaich folgen | Tipp Es wäre eine »Sünde«, nicht im altehrwürdigen Klosterhof Einkehr zu halten (geöffnet Di–So Mai–Sept. 11–23 Uhr; Okt.–April durchgehend warme Küche ab 11 Uhr). Näheres unter www. klosterhof-niederaltaich.de

64 Das Keramikmuseum

Das besondere Schwarzgeschirr

Die Flussmitte der Donau bei Obernzell bildet die Grenze zu Oberösterreich. Der Ort selbst ist aus einer Mönchszelle hervorgegangen. Ein ausladendes Krüppelwalmdach behütet das viergeschossige, ehemalige fürstbischöfliche Schloss am Flussufer.

Seit 1803 ist das Schloss Eigentum des Freistaates Bayern. Das hier seit 1982 untergebrachte Keramikmuseum ist eine Zweigstelle des Bayerischen Nationalmuseums. Mit 1.200 Exponaten gibt es einen umfassenden Einblick in die Geschichte der Keramik von der Jungsteinzeit bis zur Gegenwart. 15 Räume sind reich ausgestattet. Auch für den Laien gut verständliche Erklärungen erleichtern das Verständnis. Der Schwerpunkt des Hauses liegt auf der handwerklich hergestellten Keramik aus Niederbayern. Diese einstmals sehr ärmliche Region war im Bereich der Gefäßkeramik führend in Altbayern.

Besonders beachtenswert ist die jahrhundertelange Schwarzgeschirrproduktion in Obernzell. Bei dieser Herstellungsweise wurde dem Ton Grafit beigemengt. Schon die Kelten verwendeten das Material zur Herstellung von feuerfester Keramik. Die Erzeugnisse hielten dadurch extrem hohen Temperaturen stand. Die besondere Lage nahe den Grafitvorkommen auf der einen und der Donau als Transportweg vor der Haustüre auf der anderen Seite verhalf Obernzell zu einer gut florierenden Wirtschaft. Traditionelle Obernzeller Produkte der Schwarzware sind Schmelztiegel, Rundöfen, Koch- und Vorratsgefäße. Die hier produzierten feuerfesten Grafitschmelztiegel für Münzprägestätten oder Metallgießereien wurden weltweit exportiert. All dies wird bezeugt im örtlichen Keramikmuseum.

Besonders beliebt bei den Besuchern – so die Verantwortlichen vor Ort – sind Gefäße, die im Laufe der Benutzung Schäden erlitten haben und von Wanderhandwerkern kunstvoll mit Draht und Blech wieder repariert wurden – ein Beweis für die Sparsamkeit in vergangenen Zeiten.

Adresse Schlossplatz 1, 94130 Obernzell | **Anfahrt** A 3 Ausfahrt Passau, auf der linken Donauseite dem Fluss folgen, Obernzell liegt 15 Kilometer stromabwärts | **Öffnungszeiten** Di–So 10–17 Uhr, Näheres unter www.bayerisches-nationalmuseum.de | **Tipp** Am Donausteg wird der Wasserverlauf der Donau durch Obernzell abgebildet. Granitblöcke, auf denen man sitzen kann, liegen kartografisch an den Stellen, an denen sich die Ortschaften Erlau, Haar, Rackling und Obernzell befinden.

65 Das Isar-Radstadion

Die schnellste Betonbahn Europas

»Von der buckligen Kuhweide zum professionellen Radstadion« – so sind Zeitungsartikel überschrieben, die dieses herausragende Gemeinschaftswerk preisen. In der kleinen Gemeinde Niederpöring steht ein Radstadion, das man hier keineswegs vermuten würde. Es handelt sich um eine 333 Meter lange Betonbahn, die über sechs Meter breit ist und eine Kurvenüberhöhung von 27 Grad aufweist. Die Anlage ist nicht überdacht und jederzeit kostenlos zugänglich, die Benutzung erfolgt auf eigene Gefahr. Da viele Radwege – wie etwa der Isar-Radweg – direkt vorbeiführen, können Ausflügler die Möglichkeit nutzen, auf einer profihaft ausgebauten Asphaltbahn einige Runden zu drehen. Wer Interesse hat, sollte in Absprache mit dem SV Niederpöring auch Zeitmessungen durchführen lassen. Für angemeldete Gruppen kann dies ein echtes Erlebnis werden.

Begonnen hat alles 1947: Junge Freizeitsportler suchen ein Gelände für einen Fußballplatz. Unterstützung und Geld gibt es kaum. Gefunden wird schließlich in einer sumpfigen Mulde besagte Kuhweide. Das Gemeinschaftswerk beginnt mit dem Trockenlegen des Geländes. Bald kann der SV Niederpöring auf Punktejagd gehen. Dann die neue Idee: Um den Fußballplatz herum wird eine befestigte Lehmbahn als Radrennbahn gebaut. Niederpöring entwickelt sich nun zu einer bekannten Radsporthochburg. Das erste internationale Radrennen geht im August 1952 über die Bühne. 1977 entschließt man sich, eine noch schnellere Rennbahn aus Beton zu bauen – wieder mit viel Eigenleistung. 1978 wird sie eröffnet. Ein imposantes Kampfrichterhaus gibt dem Ensemble ein überzeugendes Erscheinungsbild, ein Sportheim und Asphaltstockbahnen kommen dazu. Die bald zur Tradition werdenden jährlichen Pfingstrennen sind ein sportliches Highlight über die Bezirksgrenzen hinaus. Die Bahn hat bereits Olympiasieger und Sechstagestars gesehen, empfängt aber auch genauso gerne neugierige Freizeitradler. Davon gibt es in den letzten Jahren immer mehr, so wissen die Touristiker.

Adresse 94562 Oberpöring-Niederpöring, Isar-Radstadion am Ortsrand | Anfahrt A 3 Autobahnkreuz Deggendorf, Richtung Plattling, dann Richtung Otzing, Lailing nach Niederpöring | Tipp Das einstige Hofmarkschloss in Niederpöring liegt wundervoll in einem Park an der Isar. Der Adelssitz ist seit dem 12. Jahrhundert nachweisbar. Sehenswert sind auch die nebenan gelegene spätromanische Kirche mit mächtigem Wehrturm und das barocke Wallfahrtskirchlein Maria Bürg.

66 Der nackte Engel

Ein liebenswertes Kunstdetail

Man muss schon sehr genau hinsehen im Altarraum, wenn man jene künstlerische Spielerei erkennen will, die bei Besuchern immer wieder für Schmunzeln sorgt: Direkt über der beherrschenden Darstellung des heiligen Reitersmannes Martin versteckt sich der »nackte Engel von Sammarei«. Während in den Kirchen üblicherweise die Engel als geschlechtslose Wesen dargestellt sind, macht der Sammareier Engel eine seltene Ausnahme: Sein (unbekannter) Schöpfer stellt ihn eindeutig erkennbar als männliches Wesen dar – als einen lustigen, unbeschwerten aber eben nackten Knaben. Gelegentlich wird der Engel auch gerne »schlampiger« Engel genannt. Seine Strümpfe sind nämlich merkwürdig verrutscht, und er trägt zwei verschiedene Schuhe. Der Kleine mit dem Trinkbecher in der Hand gilt deswegen auch als »Schutzengel der Gschlamperten«. Für außerbayerische Besucher: Gschlampert bedeutet so etwas wie unordentlich!

Kunsthistorisch wird die Kirche Sammarei (Sankt Marei, also Heilige Maria) vor allem wegen des monumentalen Schnitzaltars geschätzt. Erbaut wurde das Gotteshaus über einer vollständig erhaltenen Holzkapelle aus dem Mittelalter. Das ist außergewöhnlich selten in Deutschland. Seit 1619 werden Kirche und Dorf mit einer Wallfahrt in Verbindung gebracht. Bei einem Brand soll von allen Gebäuden rundherum lediglich die hölzerne Kapelle verschont geblieben sein. Daraufhin beschloss der Abt von Aldersbach, eine Steinkirche über die Holzkirche zu bauen, um diese besser vor den Unbilden der Witterung zu schützen. 1631 konnte die fertige Kirche eingeweiht werden. »Bayerisches Assisi« oder »Deutsches Loreto« wird Sammarei auch manchmal genannt.

Dass auch heute noch Gläubige mit ihren Anliegen zur Sammarei kommen, zeigen zahlreiche Votivtafeln an der Außenkapelle. Votivtafeln wurden einstmals aufgrund eines Gelöbnisses gestiftet, das in schwierigsten persönlichen Situationen gemacht wurde. Neben der Kirche befindet sich ein neues Wallfahrtszentrum.

Adresse Sammarei 44, 94496 Ortenburg-Sammarei | Anfahrt A3 Ausfahrt Vilshofen, der einfachste Weg (nicht der kürzeste) führt über die Staatsstraße Vilshofen-Bad Griesbach | Öffnungszeiten Täglich um 16 Uhr Gottesdienst, danach kann die Holzkirche angesehen werden. Auch außerhalb dieser Zeit sind Besichtigungen möglich, Auskunft beim Pfarramt Sammarei, Tel. 08542/653 oder pfarramt.sammarei@bistum-passau.de. | Tipp Von 1997 bis 2010 wurden auf dem Marktplatz von Ortenburg zahlreiche Außenaufnahmen zur ZDF-Serie »Forsthaus Falkenau« gedreht.

67 Die Asambasilika

Eine der schönsten spätbarocken Kirchen Bayerns

Die Asambasilika liegt selbstbewusst am höchsten geografischen Punkt von Altenmarkt. Von außen deutet wenig darauf hin, dass drei überragende Meister des bayerischen Barocks hier von 1727 bis 1735 ihre eindrucksvolle Handschrift hinterlassen haben: der Baumeister Johann Michael Fischer und das Brüderpaar Cosmas Damian und Egid Quirin Asam, denen die Ausgestaltung dieser einmaligen Kostbarkeit zu verdanken ist. Im gesamten Kirchenraum der ehemaligen Abteikirche der Prämonstratenser vereinen sich Architektur, Skulptur und Malerei zu einem berauschenden Kunstgenuss.

Über den Friedhof kommt der Besucher in einen lichten, überaus großzügigen Raum, der zusammen mit dem Langhaus und dem Altarraum als Einheit gedacht und konzipiert ist. Beherrschend sind die plastischen Gemälde – besonders natürlich das Deckenfresko. Es zeigt – begrenzt durch einen prunkvollen Goldrahmen – Szenen aus dem Leben des Gründers der Prämonstratenser, Norbert von Xanten. Ein wunderbares Spiel mit Licht und Farben begeistert den Betrachter. Das Gesamtbild wird ergänzt durch eigenständige, üppige Stuckaturen und durch die Altäre aus farbigem Stuckmarmor. Wie nicht unüblich zur damaligen Zeit verewigte sich der Künstler in seinem Werk: Cosmas Damian Asam porträtierte sich unter dem Turm selbst als reumütigen Zöllner. Die Besucher sollten ihn – trotz möglicher Nackenstarre – suchen und entdecken. Der mächtige Hochaltar seines Bruders Egid Quirin ist nach Ansicht von Kunstkennern eine der bedeutendsten Schöpfungen des bayerischen Barocks. Vier gedrehte Säulen tragen einen Baldachin mit dem Lamm Gottes. Das beherrschende Altarbild von Cosmas Damian Asam ist der Enthauptung der Kirchenpatronin Margareta gewidmet.

Die als Asambasilika von Altenmarkt bezeichnete Klosterkirche wurde 1740 geweiht und 1983 zur päpstlichen Basilika erhoben. 2008 verursachte Orkan Emma große Schäden an dem Gotteshaus, die allerdings inzwischen behoben werden konnten.

Adresse Hauptstraße 54, 94486 Osterhofen-Altenmarkt | **Anfahrt** A 3 Ausfahrt Hengersberg, Richtung Osterhofen, Kreisverkehr an der B 8 überqueren, Ausschilderung Altenmarkt folgen | **Öffnungszeiten** tagsüber jederzeit | **Tipp** Seit 2009 gibt es das Uhrenmuseum Osterhofen im Prof.-Drexler-Weg 1. Zu sehen sind bis zu 300 verschiedene Exponate.

68_Das Drei-Flüsse-Eck

Die verschiedenen Farben des Wassers

Drei Flüsse kommen aus drei verschiedenen Richtungen, vereinen sich und fließen als ein einziger Fluss in die vierte Himmelsrichtung: Dieses Zusammenspiel ist weltweit einmalig. Zu sehen ist es lediglich am Drei-Flüsse-Eck in Passau. Dies ist eine kleine Halbinsel, die jeder Besucher kennenlernen sollte. Von hier aus hat er einen Blick auf die »schwimmende Stadt«.

Von Norden her kommt die Ilz, von Westen die Donau, von Süden der Inn – alle zusammen suchen dann als 600 Meter breite Donau vereint den Weg zum Schwarzen Meer. Bis dorthin sind es noch über 2.200 Kilometer. Wunderbar ist dabei das gebotene Farbenspiel: Der Inn schimmert grün, die Ilz ist in tiefes Schwarz gehüllt, die Donau trägt weitgehend Blau. Dass dabei der grüne Inn anscheinend dominiert, ist hauptsächlich der deutlich unterschiedlichen Tiefe der Gewässer geschuldet – die Donau ist fast viermal so tief wie der Inn mit seinen knapp zwei Metern. Die Einheimischen sagen: »Der Inn überströmt die Donau.«

Das Drei-Flüsse-Eck wird von den Passauern »Ortsspitze« genannt und lag nicht immer im Stadtgebiet. Die »Ortsspitze« war zuerst eine ovale Insel, danach eine Landzunge im Bereich der Gemeinde Grubweg. Dieses natürliche Schwemmland wurde immer mehr aufgeschüttet und kam in den 1950er Jahren schließlich zu Passau. Die etwa 6.000 Quadratmeter große Landzunge im äußersten Osten der Stadt wurde zudem mit Pappeln bepflanzt. Im Fokus stand aber die Landverbindung mit der Stadt.

Angekommen an der Ortsspitze kann man sich auf eine der vielen Bänke setzen, die ringsherum und in ausreichender Zahl aufgestellt sind. Die Aussicht – zum Beispiel auf die Veste Oberhaus – ist anregend. Wer mit Kindern unterwegs ist, findet gute Spielgelegenheiten. Daneben können in dieser Idylle auch Schwäne und Enten gefüttert werden. Einkehrmöglichkeiten mit guter Verköstigung gibt es ohnehin.

Adresse Drei-Flüsse-Eck, 94032 Passau | **Anfahrt** A 3 Ausfahrt Passau-Mitte, Regensburger Straße Richtung Innenstadt, geradeaus Richtung Hauptbahnhof, kurz vor Hauptbahnhof Parkhaus »Bahnhofstraße« (eine Fahrkarte für den Citybus, der zwischen Parkhaus und Altstadt verkehrt, ist im Preis enthalten) | **Tipp** Wesentlich zur Bekanntheit und Weiterentwicklung eines »kritischen« Passau hat das Scharfrichterhaus beigetragen. Hier debütierten die Kabarettgrößen Sigi Zimmerschied und Bruno Jonas (Programm der Kleinkunst- und Liederbühne unter www.scharfrichter-haus.de).

69 Die Emerenz-Meier-Büste

Referenz an eine Unangepasste

Die Statue am Donaukai zeigt die Dichterin Emerenz Meier als junge Frau in der klassischen Tracht ihrer »Waldheimat«. Die zwei Meter hohe Bronzeskulptur wurde von der Biberger Künstlerin Christine Wagner geschaffen. Die Initiative hierfür kam im Jahr 2008 zum 80. Todestag der »narrischen Verslmacherin« vom Soroptimist International Club Passau. Emerenz Meier blickt selbstbewusst von ihrem Sockel herunter. Ihre Lebensgeschichte ist geprägt von Mut und Sturheit, Verzweiflung schließlich, immer aber Sensibilität.

Bereits als Kind verfasste die Wirtstochter »Zenz« Geschichten und Gedichte. Nebenbei arbeitete sie auf dem elterlichen Bauernhof und als Bedienung in deren Wirtsstube. Die Passauer Donau-Zeitung brachte die erste Erzählung der 19-Jährigen, »Der Juhschroa«, heraus, drei Jahre später erschien ihr erstes und einziges Buch. Emerenz Meier galt als Naturtalent und griff auf Motive ihres bäuerlichen Umfeldes zurück – dafür allerdings erntete sie keinerlei Anerkennung. Überdies waren die Zeiten karg. 1906 folgt Emerenz nach ihrer kurzen Zeit als Wirtin in Passau ausgewanderten Verwandten »ins Amerika«. Chicago allerdings brachte keine wirtschaftliche Besserung. Im Gegenteil: Ihr erster Mann starb bald, und der Kampf um die tägliche Existenz ließ keine Zeit mehr für das Schreiben. Erst nach dem Ersten Weltkrieg nahm sie wieder Kontakt zu ihrer Freundin Auguste Unertl in der Heimat auf. Zu dieser Zeit, so zeigen biografische Veröffentlichungen, hatte sich bei ihr eine starke Abneigung gegen die Auswüchse des erlebten Kapitalismus entwickelt. Obwohl selber arm, suchte die Heimatlose durch Spenden die noch schlimmere Not im Bayerischen Wald zu lindern.

Emerenz Meier verstarb 1928 in Chicago mit nur 53 Jahren an den Folgen einer Nierenerkrankung. Sie ist neben Lena Christ die wichtigste bayerische Volksdichterin.

Adresse Donaukai, 94032 Passau | **Anfahrt** A 3 Ausfahrt Passau-Mitte, Regensburger Straße Richtung Innenstadt, geradeaus Richtung Hauptbahnhof, kurz vor Hauptbahnhof Parkhaus »Bahnhofstraße« (eine Fahrkarte für den Citybus, der zwischen Parkhaus und Altstadt verkehrt, ist im Preis enthalten) | **Tipp** In Schiefweg bei Waldkirchen wurde 2010 im Geburtshaus von Emerenz Meier das erste Auswanderermuseum Bayerns eingerichtet. Eindringlich gezeigt wird darin die Auswanderungswelle um 1900 aus dem Bayerischen Wald nach Amerika.

70__Das Gisela-Grab

Ruhestätte der ungarischen Nationalheiligen

Seit Jahrhunderten kommen außergewöhnlich viele ungarische Pilger und Besucher nach Passau. Ihr Ziel: das Grab ihrer »Nationalheiligen« im Kloster Niedernburg sowie das Gnadenbild Mariä Schutz.

Die Klosterkirche »Zum Heiligen Kreuz« in der Altstadt ist eine romanische Pfeilerbasilika aus dem 11. Jahrhundert. Das Gisela-Grab befindet sich vor der Südwand des Querhauses. Es ist ein original erhaltenes, typisches Hochgrab aus der Spätgotik. Der ursprüngliche Grabstein aus dem 11. Jahrhundert ist darunter erhalten. Davor liegen auffallend häufig frische Blumen, die ungarische Sprache ist immer wieder zu hören. Doch wie kam Gisela nach Passau, und warum wird sie hier besonders verehrt?

Gisela von Bayern wurde vermutlich 984 in Bad Abbach bei Regensburg geboren. Sie war die älteste Tochter des bayerischen Herzogs Heinrich des Zänkers und Schwester des Deutschen Kaisers. Ihre Gedankenwelt wurde nicht zuletzt auch durch ihren Lehrer, den heiligen Wolfgang von Regensburg, geprägt. Vermutlich bereits mit zehn Jahren wurde Gisela mit Stephan, dem späteren König von Ungarn, verheiratet. Sie setzte sich in der Folge konsequent für die Christianisierung Ungarns ein, was ihr auch Feindschaften einbrachte. Gisela selbst erlitt auch einige persönliche Schicksalsschläge: All ihre Kinder starben, zuletzt der Thronfolger Emmerich. Als 1038 auch Stephan starb, wurde die Witwe von der heidnischen Gegenpartei verfolgt und gefangen genommen. 1042 befreite sie ihr Neffe, Kaiser Heinrich III., und brachte sie in ihre Heimat. Hier trat sie in das Benediktinerinnenstift Niedernburg ein und wurde schließlich zur dritten Äbtissin gewählt. Bis zu ihrem Tod 1065 blieb sie in der Drei-Flüsse-Stadt.

Gisela wurde nicht heiliggesprochen, sondern wird in der katholischen Kirche als »Selige« verehrt. Am Klosterwinkel wurden ein Gymnasium sowie eine Realschule nach ihr benannt.

Adresse Klosterwinkel 1, 94032 Passau | Anfahrt A3 Ausfahrt Passau-Mitte, Regensburger Straße Richtung Innenstadt, geradeaus Richtung Hauptbahnhof, kurz vor Hauptbahnhof kostenpflichtiges Parkhaus »Bahnhofstraße« (eine Fahrkarte für den Citybus, der zwischen Parkhaus und Altstadt verkehrt, ist im Preis enthalten) | Tipp Eine weitere Brücke zur Vergangenheit könnten Sie im Römermuseum Kastell Boiotro in der Lederergasse 43 schlagen. Seit 1982 sind die freigelegten Fundamente des Römerkastelles zu sehen.

71 Die Höllgasse

Künstlermeile in der verwinkelten Altstadt

Nicht der Satan ist in der Höllgasse zu Hause. Vielmehr entstand der Name durch eine Ableitung aus dem Althochdeutschen: »Hell« bedeutet demnach entweder »enger Raum« oder »laut schallen«. Beides trifft zu in diesem zwischen dem Rathausplatz und der Fritz-Schäffer-Promenade eingezwängten Altstadtbereich. Mehrere Gassen kreuzen den kopfsteinbuckeligen Weg, die Steiningergasse, die kleine Messergasse und die Pfaffengasse. Auch die Berggasse, die Nußbaumgasse und die Schlosserstiege münden in den Verlauf. Dies alles zusammen bildet ein buntes Geflecht von privater, geschäftlicher und kultureller Nutzung. Alle Häuser in der Höllgasse stehen unter Denkmalschutz und gehen auf das Mittelalter zurück. Frühere Brandschäden wurden durch sachgerechte Sanierungen weitgehend wieder behoben. Erhalten geblieben ist auf jeden Fall der Eindruck eines geschlossenen Ensembles. Essen und Trinken wird reichlich geboten – vom Wirtshaus »Zum grünen Baum« bis weiter unten zum Biergarten »Zum Tiroler«.

In den oberen Stockwerken der alten Häuser gibt es sanierte Wohnflächen für oft junge, studentische Mieter. Kleidung gibt es, den Friseur vor der Haustüre und sogar ein Büro der in Passau überaus wichtigen Schiffsreederei Wurm und Köck, dem Betreiber der gewaltigen Touristenflotte. Daneben sind heute vor allem Künstlerateliers in der Höllgasse zu finden. Besucher dürfen gerne einen Blick über die Schulter der Künstler wagen und sich einen Eindruck von deren Arbeit verschaffen. Kaufen ist natürlich nicht verboten!

Eine Besonderheit ist der Verein AGON Kulturimpuls. Vertreten sind hier alle Künstler aus der Höllgasse und eine ganze Reihe weitere aus dem Umland. Die Mitglieder organisieren Feste, Ausstellungen und andere Events. Die Höllgasse wird gemeinsam immer wieder neu dekoriert, es gibt kreative Kunstaktionen. So wird regelmäßig der »Höllgassenzinnober« veranstaltet, und im Café Unterhaus finden interessante Lesungen statt.

Adresse Höllgasse, 94032 Passau, www.agon-passau.de | Anfahrt A3 Ausfahrt Passau-Mitte, Regensburger Straße Richtung Innenstadt, geradeaus Richtung Hauptbahnhof, kurz vor Hauptbahnhof Parkhaus »Bahnhofstraße« | Tipp In der Höllgasse 1 finden Sie das Glasmuseum Passau. Mit 30.000 Gläsern ist es das weltweit größte Museum zum Böhmischen Glas; Näheres unter www.glasmuseum.de.

72 Das Museum Moderner Kunst

Ein Beispiel für neuzeitliches Mäzenatentum

Das Anwesen in der Altstadt, direkt am Donaukai, ist unspektakulär, blickt aber auf eine Baugeschichte zurück, die bis ins 12. Jahrhundert zurückreicht. Vermutlich diente es einmal als Priesterhaus des gegenüberliegenden, ehemaligen Benediktinerstifts Niedernburg; Ende der 1980er Jahre wurde es unter strengsten denkmalpflegerischen Gesichtspunkten restauriert. Es zählt nach Meinung der Fachleute zu den am besten erhaltenen Baudenkmälern in der in dieser Hinsicht ohnehin reichen Stadt Passau. Der 2014 im Alter von beinahe 100 Jahren verstorbene Architekt und Kunstfreund Hanns Egon Wörlen hat als Initiator, Gestalter und Stifter dem denkmalgeschützten Haus diese alte Schönheit wiedergegeben.

Wörlen kam als Sohn eines Malers mit den Eltern in die Stadt und blieb schließlich als freier (und sehr erfolgreicher) Architekt hier. Er engagierte sich zeitlebens für die historische Altstadt. Daneben galt seine Liebe dem kulturellen Leben – vor allem der darstellenden Kunst. Wörlens einschlägige Interessen und natürlich auch seine guten finanziellen Möglichkeiten führten 1990 zur Stiftung des Museums Moderner Kunst in der Bräugasse. Im Inneren des zurückhaltend stilvollen Gebäudes beherrscht der Lichthof mit seinen umlaufenden Arkadengängen das Bild. Auf drei Etagen werden jährlich etwa zehn Ausstellungen zur Kunst des 20. und 21. Jahrhunderts präsentiert. Die Grundlage der Sammlung bildet das Werk des Malers Georg Philipp Wörlen, dem Vater des Museumsstifters, und Werke von dessen Künstlerfreunden wie Alfred Kubin. Daneben ist die benachbarte Kunstszene in Tschechien, Österreich, Ungarn und der Slowakei ein Schwerpunkt der Sammlung.

Die wechselnden Ausstellungen bringen zudem Werke von Künstlern wie Salvador Dalí oder auch Yoko Ono in die Stadt. Die einschlägige Szene in den Kunstmetropolen registriert dies sehr wohl.

Adresse Bräugasse 17, 94032 Passau | Anfahrt A 3 Ausfahrt Passau-Mitte, Regensburger Straße Richtung Innenstadt, geradeaus Richtung Hauptbahnhof, kurz vor Hauptbahnhof Parkhaus »Bahnhofstraße« (eine Fahrkarte für den Citybus, der zwischen Parkhaus und Altstadt verkehrt, ist im Preis enthalten) | Öffnungszeiten Di–So 10–18 Uhr | Tipp Vom Museum aus hat man einen ausgezeichneten Blick auf die 65.000 Quadratmeter umfassende Veste Oberhaus. Sie gehört zu den größten und mächtigsten Burganlagen Europas. Ein Besuch ist unerlässlich.

73__Der Rathaussaal

Das Gemälde »Kriemhild zieht ein«

Die beiden Passauer Rathaussäle sind über eine gotische Steintreppe zu erreichen. Auf diesem etwas dunklen, eher verschlungenen Weg ist noch unklar, welcher Kunstgenuss den Besucher erwartet.

Der große Rathaussaal zeigt sich als zweischiffige Halle mit drei Jochen. Dicke Säulen tragen das üppig verzierte Gewölbe. Von oben blicken Medaillons mit kleinen Engelchen auf den Betrachter. Die barocke Ausstattung schufen wahrscheinlich der italienische Architekt Carlo Lurago und als Stuckateur sein Landsmann Giovanni Battista Carlone. Die herausragenden Künstler dieser Epoche arbeiteten auch im nahe gelegenen Dom. Die spätere Ausmalung des Saals mit Passauer Stadt- und Geschichtsbildern übernahm 1887 bis 1890 der heimische Maler Ferdinand Wagner. Es ist ihm gelungen, den barocken Stil nachzuempfinden. Das Sonnenlicht fällt unterstützend durch wunderbar gestaltete, wertvolle Glasfenster.

Zwei Kolossalgemälde bestimmen den Raum: Neben der Darstellung der »Hochzeit Kaiser Leopolds« ist es vor allem das Bild »Einzug der Kriemhild«, das die Betrachter in den Bann zieht. Nachempfunden ist der Empfang Kriemhilds durch ihren Onkel, den Passauer Bischof Pilgrim. Sie machte auf ihrem Weg nach Ungarn hier Station. Die Szene ist Teil des berühmten Nibelungenlieds. Es gibt mehrere Hinweise darauf, dass dieses Epos in Passau entstanden ist, zumindest weist die Ortskenntnis des Textes darauf hin, dass der Autor im Umkreis des damaligen Passauer Bischofs lebte. Das Nibelungenlied ist die bedeutendste deutsche Heldendichtung des Mittelalters und entstand in etwa um das Jahr 1200.

Der kleine Rathaussaal, der südlich an den großen anschließt, ist ein schlichter Raum, der auch dem Stadtrat für seine Plenumssitzungen dient. Auf dem Deckengemälde symbolisiert eine in Gold gehüllte blonde Frau die Stadt Passau. Ihr zu Füßen befinden sich die Personifizierungen der drei Flüsse Donau, Inn und Ilz. Die Bezeichnung Drei-Flüsse-Stadt wird auch hier wieder deutlich.

Adresse Rathausplatz 2, 94032 Passau | Anfahrt A 3 Ausfahrt Passau-Mitte, Regensburger Straße Richtung Innenstadt, geradeaus Richtung Hauptbahnhof, kurz vor Hauptbahnhof Parkhaus »Bahnhofstraße« (eine Fahrkarte für den Citybus, der zwischen Parkhaus und Altstadt verkehrt, ist im Preis enthalten) | Öffnungszeiten Ostern – Sept. Mo – Fr 9 – 12 Uhr und 12.30 – 17 Uhr, Sa, So, Feiertage 10.30 – 15.30 Uhr; Okt. – Ostern Mo – Do 9 – 12 Uhr und 12.30 – 17 Uhr, Fr 9 – 12 Uhr und 12.30 – 16 Uhr, Sa 10.30 – 15.30 Uhr, So und Feiertage geschlossen | Tipp Am Rathausturm, an der der Donau zugewandten Seite, sind die Pegelstände der Katastrophenhochwasser abzulesen. Hoch über den Köpfen der Passanten ließ die Stadt 1991 das Glockenspiel mit 23 Glocken einbauen. Es hat 88 verschiedene Melodien eingespeichert.

74 Der Schaiblingsturm

Wächter für den Salzhafen

Der markante Rundturm mit seinem ungewöhnlichen Spitzhelm erinnert an eine überdimensionierte Scheibe. Die Bezeichnung »Schaibling« für diesen Teil der mittelalterlichen Stadtbefestigung dürfte daher kommen. Der Turm steht auf der Südseite der Passauer Altstadt auf einem aufragenden Felsen am Innkai. Ein Fußweg führt von der Spitze der zwischen Donau und Inn liegenden Landzunge, der Ortsspitze, aus der Altstadt hinaus hier entlang. Wegen seiner ungewöhnlichen Bauweise gehört der etwa 15 Meter hohe Turm zu den unverkennbaren Wahrzeichen der Stadt.

Historisch gesehen war der Schaiblingsturm im 13. Jahrhundert zum Schutz des Passauer Salzhafens gebaut worden. Von hier aus wurde auf die vorbeisegelnden Schiffe mit dem »Gold des Mittelalters« geachtet. Sie erhielten durch den Turm beim Anlanden einen gewissen Schutz vor den Wellen des manchmal stürmischen Inn. Daneben diente der Schaiblingsturm auch als Speicher. Nach wechselvollen Jahren – unter anderem als Wohnstätte von Künstlern – entstand die Idee, den städtischen Turm als Obdachlosenheim zu nutzen. Daraus wurde nichts. 1990 kam er schließlich in die Schlüsselgewalt des städtischen Gymnasiums Leopoldinum und wird seitdem für Lesenächte oder auch für schulische Veranstaltungen genutzt.

Zugänglich ist der Turm ausschließlich vom Gelände des Leopoldinums aus. Eine hölzerne Treppe im Innern des Bauwerks windet sich bis unter das Dach hinauf. Die einheitlichen Räume beherbergen jeweils einen runden Tisch mit Eckbank und ein paar Stühle. Am eindrucksvollsten ist der Schaiblingsturm aber ohnehin von außen. Der Fußweg am Inn lohnt sich auf jeden Fall. Hinter dem Turm folgt die Marienbrücke, wo die Promenade zu einer breiten Grünanlage anwächst. Der Blick auf die Innenstadt mit dem weit oben thronenden Kloster Mariahilf gehört zu einem vollständigen Passauer Stadterlebnis einfach dazu.

Adresse Klosterwinkel 10, 94032 Passau | **Anfahrt** A 3 Ausfahrt Passau-Mitte, Regensburger Straße Richtung Innenstadt, geradeaus Richtung Hauptbahnhof, kurz vor Hauptbahnhof Parkhaus »Bahnhofstraße« (eine Fahrkarte für den Citybus, der zwischen Parkhaus und Altstadt verkehrt, ist im Preis enthalten) | **Öffnungszeiten** Besichtigung nur von außen möglich | **Tipp** Wollen Sie auch die Einkaufsstadt Passau kennenlernen? Über 500 Geschäfte in der Innenstadt sind bequem zu erreichen. Ein Spaziergang durch die Fußgängerzone ist anregend und abwechslungsreich.

75__Der Tölpel

Ein liebenswertes Stadtoriginal

Die geschlossenen Augenlider wirken etwas müde, die Mundwinkel ziehen die vollen Lippen leicht grinsend nach oben, die Nasenlöcher sind vergleichsweise groß, das Haar ist kurz geschoren – etwas tollpatschig wirkt der Tölpel schon, das ist kaum zu bestreiten. Seit dem Sommer 2003 ist der Steinkopf des Passauer Tölpels efeuumrankt an der Mauer des Landratsamtes zu bestaunen. Er befindet sich damit in unmittelbarer Nachbarschaft zum stadtbeherrschenden Stephansdom.

Auf einer kleinen Tafel neben der Steinfigur steht geschrieben: »Von Passaus Dom fiel ich herunter, wobei mein schöner Leib zerbrach. Bin trotzdem kreuzwohlauf und munter und nur im Kopf noch etwas schwach.« Vermutet wird, dass der Steinkopf von einer Figur des Doms stammt. Er könnte der Kopf einer Statue des Dompatronats aus dem 14. Jahrhundert gewesen sein. Auch dass er ein Kragstein vom westlichen Domgiebel ist, wird für möglich gehalten. Wie auch immer: Hintergrund ist der verheerende Stadtbrand von 1662, bei dem auch der Dom stark geschädigt wurde. Um den Wiederaufbau gab es wohl emotional ausgetragene Auseinandersetzungen – zum Beispiel über die flachen, einfachen Domtürme.

Die Passauer wurden als »Dölpel« bezeichnet, weil sie zu dumm seien, ihren Türmen die zeitgemäßen gotischen Spitzen aufzusetzen. Diese Geschichte aus dem 17. Jahrhundert hat sich erhalten, sie wurde zu einem geflügelten Wort.

Nach mehreren »Standortwechseln« des Tölpels stand er schließlich lange Zeit auf der Veste Oberhaus, gewissermaßen im Obergeschoss der Stadt. Dann gab es 2003 eine spektakuläre »Tölpel-Rückholaktion« von Passauer Stadtführern. Dazu wurde auch wieder gedichtet: »Vom Oberhaus stieg ich herunter, vorbei ist der Dornröschenschlaf, ich fühl mich kreuzwohlauf und munter und auch im Kopf nicht mehr so schwach.« Seither steht das liebenswerte Passauer Wahrzeichen in der Altstadt.

Adresse Domplatz 11, 94032 Passau (Außenmauer des Landratsamtes) | Anfahrt A 3 Ausfahrt Passau-Mitte, Regensburger Straße Richtung Innenstadt, geradeaus Richtung Hauptbahnhof, kurz vor Hauptbahnhof Parkhaus »Bahnhofstraße« (eine Fahrkarte für den Citybus, der zwischen Parkhaus und Altstadt verkehrt, ist im Preis enthalten) | Tipp Das frühklassizistische, fürstbischöfliche Opernhaus in der Gottfried-Schäffer-Straße können Sie leider nur von außen besichtigen. Es sei denn – Sie gönnen sich eine Aufführung.

76_Der weinende Engel

Warum ein Künstlersohn so traurig ist

Unter den 1.000 Schmuckfiguren, mit denen der große Stuckateur Giovanni Battista Carlone den prächtigen Passauer Dom ausgestattet hat, ist der weinende Engel die persönlichste Arbeit. An der Seite des Domportals links von der Kanzel reibt sich ein kleiner Junge sein Auge so, als wolle er eine Träne wegwischen. Die Sage will es, dass es sich um den Sohn des Stuckateurs handelt. Der Kleine war traurig, wenn sein Vater im Frühjahr immer wieder aus der Heimat nach Passau ging, um am Dom weiterzuarbeiten. Carlone arbeitete insgesamt 18 Jahre (!) in Passau. Sein Name ist in der Stadt nach wie vor geschätzt.

Hier hatte er viel und andauernd zu tun, bis die Umgestaltung nach den Schäden des Stadtbrandes von 1662 gelang. Mit dem barocken Wiederaufbau unter Einbeziehung der verbliebenen gotischen Teile war der italienische Meister Carlo Lurago beauftragt worden. Die gesamte Innenausstattung übernahm sein Verwandter Giovanni Battista Carlone. Durch ihre Zusammenarbeit entstand der größte barocke Kircheninnenraum nördlich der Alpen. Für Jahrzehnte wurde die Domdekoration zum Vorbild über den bayerischen Kirchenraum hinaus.

Die über 100 Meter lange und mehr als 30 Meter breite Bischofskirche ist über und über mit Stuck ausgestattet – dieser italienische Hochbarock in seiner kunstvollsten Form zieht jeden Besucher in den Bann. Auch die großartigen Deckenmalereien von Carpoforo Tencalla beeindrucken. Über 170 Gewölbeflächen wurden von ihm auf kunstvollste Weise ausgefüllt. Dabei findet der Betrachter noch einmal spielerischen Zugang zum Stuckateur Carlone. Einige Stuckornamente haben die Form von Maiskolben – Carlon hieß in der heimatlichen Mundart von Carlone »Maiskolben«. So hat er sich auch auf diese Weise im Passauer Dom verewigt. Der von ihm geprägte Stil hochbarocker, figuraler Stuckdekoration wird übrigens als »carlonesk« bezeichnet – eine ganz besondere Auszeichnung.

Adresse Residenzplatz 8, 94032 Passau | Anfahrt A 3 Ausfahrt Passau-Mitte, Regensburger Straße Richtung Innenstadt, geradeaus Richtung Hauptbahnhof, kurz davor Parkhaus »Bahnhofstraße« (eine Fahrkarte für den Citybus, der zwischen Parkhaus und Altstadt verkehrt, ist im Preis enthalten) | Öffnungszeiten Sommer täglich 6.30 – 19 Uhr, Winter 6.30 – 18 Uhr | Tipp Das Domschatzmuseum liegt quasi auf dem Weg. Es ist mehr als einen Blick wert. Näheres unter www.bistum-passau.de.

77_Der Park Freudenhain

Nomen est omen

Im Park Freudenhain ist die Empfindsamkeit gegenüber der Natur zum Programm erhoben worden. Der Schlosspark rund um das gleichnamige Lustschloss wurde zum Ende des 18. Jahrhunderts von Fürstbischof von Auersperg angelegt. Die bewusste, naturnahe Gestaltung nach englischem Vorbild sollte dem liberalen Zeitgeist entsprechend jedermann ohne Ausnahmen einen Spaziergang ermöglichen. Daneben diente der Garten auch der Inspiration und der persönlichen Fortbildung in der Botanik.

Geblieben sind der herrliche Panoramablick über die Stadt und einige Bauten aus dem Ursprungsgarten. So hat sich etwa die »Grotte des Canopus«, eine ägyptische Grotte, erhalten. Die zugrunde liegende Canopuslegende thematisiert den Sieg des Guten über das Böse. Dies hatte vielleicht den fürstbischöflichen Bauherrn inspiriert. Heute ist die Grotte eingebettet in ein wunderschönes Naturraumtheater und vermittelt eine eigentümliche Ruhe. Ebenfalls immer noch sehenswert ist der »amerikanische Tulpenbaum«, der unverdrossen jedes Frühjahr seine tulpenförmigen Blüten zeigt. Dieser Laubbaum soll(te) auf Amerika als fremden Kontinent einstimmen. Spätestens mit der Säkularisation von 1803 verfiel der Prachtpark zusehends. Teile des Grundstücks wurden versteigert, Wertgegenstände abtransportiert. Passauer Bürger bemühten sich um die weiteren Geschicke, die Stadt erwarb schließlich 1987 das Gelände.

Heute ist der Park eher ein Stadtwald mit altem Baumbestand und einem fünf Kilometer langen Wegenetz. Dieses Wegenetz schlängelt sich mit unterschiedlichster Steigung durch die Gartenanlage, da bewusst auf Treppen verzichtet wurde. Auch bei hochsommerlichen Temperaturen ist es hier angenehm kühl. Das Schloss Freudenhain – von den Einheimischen auch Stadtpark Hacklberg genannt – beherbergt seit 1954 das Auersperg-Gymnasium Passau. Träger des Gymnasiums ist die Maria-Ward-Schulstiftung.

Adresse Freudenhain, 94034 Passau-Hacklberg | **Anfahrt** A 3 Ausfahrt Passau-Mitte, Richtung Passau-Hacklberg, Parkplätze vorhanden | **Tipp** Hoch über der Innenstadt erhebt sich die barocke Klosteranlage Mariahilf. Von hier aus bietet sich der schönste Blick auf die »italienische« Seite von Passau.

78__Europa in der Kastanienallee

Ein Kunstwerk und die Völkerfreundschaft

Eine zurückhaltende Frau und ein gleichmütig wirkender Stier stehen sich auf einer stilisierten Welthalbkugel gegenüber. Beide scheinen die weitere Entwicklung abzuwarten, so der erste Eindruck. Das Kunstwerk aus Edelstahl und Granit ist fast zwei Meter hoch und trägt den knappen Titel: »Europa«. Auf der massiven Plattform sind die zwölf Sterne der EU-Flagge eingraviert. Getragen wird das Kunstwerk von den 36 Längengraden, die wiederum durch ein Rankenwerk verbunden sind. Die Namen der EU-Mitgliedsstaaten zum Zeitpunkt der Aufstellung, im Jahr 2001, sind auf den Blättern verewigt. Die Arbeit des bei Bad Birnbach lebenden Bildhauers Alois Demlehner beschreibt die vorsichtige Annäherung Europas an den Stier – wie in der griechischen Mythologie vorgedacht. Aufgestellt ist das Kunstwerk im Bereich eines bemerkenswerten Ensembles.

Der historische Kern der Kreisstadt Pfarrkirchen ist von einer alten Kastanienallee eingefasst. Angelegt wurde das Naturdenkmal auf der Krone des Ringwalls der ehemaligen Befestigungsanlagen. 1803 wurden zunächst 365 Obstbäume – so viele, wie das Jahr Tage hat – angepflanzt. Nach Ergänzungen durch Pappeln entstand 1876 die auch jetzt noch bestehende Kastanienallee. Mit einer Länge von einem Kilometer umschließt sie den Stadtkern und ist in ihrer Art einmalig in Niederbayern. Genannt wird sie von den Einheimischen auch »die Pfarrkirchener Wall Street«.

Die in den vielen Jahren mächtig angewachsenen Kastanienbäume verleihen der Allee zu jeder Jahreszeit unterschiedliche Reize. Der Spaziergang wird zu einem Naturerlebnis rund um den Stadtkern. Der über hundert Meter lange Stadtweiher ist ebenfalls ein Überbleibsel der damaligen Befestigung. Im westlichen Teil der Ringallee ist diese Stadtbefestigung mit Mauer, Turm und Schanzanlage am besten erhalten.

Adresse Dr.-Bayer-Straße, 84347 Pfarrkirchen | **Anfahrt** A3 Ausfahrt Straubing, B20 Richtung Landau, St2112 Richtung Pfarrkirchen | **Tipp** Die Säulen des Brunnens auf dem nahen Marienplatz erzählen die Geschichte von Pfarrkirchen. Geschaffen wurde er von dem bekannten Rottaler Bildhauer Josef Michael Neustifter.

79 Die Trabrennbahn

Immer eine Pferdelänge voraus

Die Reihenfolge beim Zieleinlauf wird in Pferdelängen ausgedrückt – wenn der Abstand zwischen den einzelnen Trabergespannen groß genug ist. Nicht nur wegen ihres Alters ist die Ende des 19. Jahrhunderts erbaute Trabrennbahn von Pfarrkirchen anderen Bahnen um die bewusste Pferdelänge voraus. Auch ihr technischer Ruf ist ausgezeichnet. Die jährlichen Pfingstrennen mit dem Bayerischen Zuchtpreis als Highlight werden bundesweit beachtet. Mehrere tausend Zuschauer sind jedes Mal dabei.

Die Rennbahnen am Rand der Stadt sind zwischen 800 und 1.200 Meter pro Runde lang, die edlen Trabrennpferde erzielen Spitzengeschwindigkeiten von über 50 Stundenkilometern. Außerhalb der spektakulären Rennen bietet sich das ruhige Bild einer Sportanlage mit historischem Anspruch. Aus den betagten hölzernen Boxen rundherum strecken sich vereinzelt Pferdeköpfe heraus. Der Rundgang stimmt etwas nostalgisch. Der auf alten Fotos zu sehende Richterturm innerhalb der ovalen Bahn ist inzwischen abgebaut. Stattdessen fällt schon beim Zugehen auf das Gelände ein Stahlturm auf, der in die Haupttribüne integriert ist. Nicht nur der Zielrichter, sondern auch die Verantwortlichen für die moderne Technik sowie die Presse- und Fernsehteams haben den ungehinderten Blick auf die gesamte Rennbahn.

Vor der Eröffnung der Pfarrkirchener Trabrennbahn gab es längere Diskussionen über die Finanzierung des ambitionierten Vorhabens. Als dann die benötigten 50 Tagwerk Grundstücksfläche erworben waren, konnte mit dem Bau begonnen werden. Die ersten Rennen fanden im Mai 1896 statt. Das Interesse der ohnehin pferdebegeisterten Rottaler war von Beginn an eine wichtige Stütze. Neben dem Pferdesport ist auf der Anlage auch der Motorradsport etabliert. Jährlich finden auf dem 1.000-Meter-Oval Sandbahnrennen statt. So war Pfarrkirchen bereits mehrmals Austragungsort einer Sandbahnweltmeisterschaft.

Adresse Rennbahnstraße 9, 84347 Pfarrkirchen | Anfahrt A 3 Ausfahrt Straubing, B 20 Richtung Landau, St 2112 Richtung Pfarrkirchen | Öffnungszeiten Man kann die Anlage jederzeit betreten, sollte aber die Pferde nicht stören. | Tipp Das Hans-Reiffenstuel-Haus, ein ehemaliges Lagerhaus im Bereich des Bahnhofes, ist seit 1997 das Kulturzentrum der Stadt. Die wechselnden, anspruchsvollen Kunstausstellungen sind interessant.

80_Das Wimmer-Ross

Eine Huldigung an das Rottaler Pferd

Das Wimmer-Ross steht direkt beim Neuen Rathaus und wird nicht selten als »Bayerns stolzestes Ross« bezeichnet. Die Bronzeplastik auf einem Backsteinfundament ist lebensgroß und weist die Merkmale jener Rasse auf, die im Land zwischen Rott und Inn überaus geschätzt war: mittelgroß, starkknochig, harmonisch gebaut, ausgeglichener Charakter. Vor allem aber: vielseitig einsetzbar. Im Sommer 1966 wurde die Großplastik des Bildhauers Hans Wimmer zum Andenken an die große Zeit der Rottaler Pferdezüchter aufgestellt. Die Materialkosten konnten durch Spenden der Stadt, des Landkreises und aus der Bevölkerung aufgebracht werden.

Hans Wimmer wurde 1907 in Pfarrkirchen geboren und ist in seiner Heimatstadt aufgewachsen. Der Künstler zählt zu den wichtigsten deutschen Bildhauern des 20. Jahrhunderts. Viele Ausstellungen im In- und Ausland zeigten seine Werke aus Bronze, Marmor, Terrakotta und Holz. Wimmer war auf der documenta 1 in Kassel vertreten, auf der Biennale Venedig oder auf der Weltausstellung in Montreal. Außerdem war er Professor für Bildhauerei an der Akademie der Bildenden Künste in Nürnberg. Freundschaften pflegte er unter anderem zu Olaf Gulbransson. Einen Großteil seiner Werke vermachte Wimmer dem Passauer Oberhausmuseum, wo 1987 eine eigene Hans-Wimmer-Sammlung eingerichtet wurde. 1992 starb der Künstler.

Die Rottaler Pferdezucht kann bis ins 9. Jahrhundert zurückverfolgt werden und gehört damit zu den ältesten ihrer Art in Deutschland. Grundlage waren ungarische Beutepferde mit arabischem Blut. Sie wurden nach und nach den Interessen der Bauern angepasst – blieben aber auch ausdauernde Militärpferde. Die Zucht des Rottalers ging in den jüngeren Jahrzehnten im Wesentlichen im Bayerischen Warmblut auf. Heute ist der Rottaler vom Aussterben bedroht. Hobbyzüchter versuchen, diese alte Pferderasse zu erhalten.

Adresse Stadtplatz, 84347 Pfarrkirchen | Anfahrt A 3 Ausfahrt Straubing, B 20 Richtung Landau a. d. Isar, St 2112 Richtung Pfarrkirchen, Stadtplatz | Tipp Gut zu erreichen vom Stadtplatz aus ist die barocke Wallfahrtskirche Gartlberg. Ein dorthin führender Kreuzweg mit 15 Stationen aus dem Jahre 1888 ist sehr sehenswert.

81_Die Essigbrauerei Kriegl

Balsamico auf dem Land

Seit mehr als 100 Jahren ist die Essigtradition in der Familie Kriegl, seit 1950 gibt es eine eigene Produktion für Gärungsessig – und dies im Bierbrauerland Niederbayern. Ungewöhnlich ist auch der Umstand, dass sich der Besucher an Ort und Stelle von handwerklicher Tradition und modernster Technologie ein Bild machen kann.

Eindrucksvoll sind die 100 Produktions- und Lagerfässer aus Holz, Edelstahl und glasfaserverstärktem Polyester mit bis zu neun Meter Höhe und fünf Meter Durchmesser. Der gesamte »Fassraum« beträgt 1,3 Millionen Liter! Es werden über 60 Essigspezialitäten hergestellt. Die lange Reifezeit in den Fässern wird als ausschlaggebendes Qualitätsmerkmal empfunden. Sehen, schmecken, riechen – so heißt es im Umfeld der beeindruckenden Produktions- und Abfüllanlagen. Gezeigt und erklärt werden Anwendungs- und Verwendungsmöglichkeiten für die verschiedenen Essigspezialitäten. Dabei gibt es zum Beispiel einen Einblick in einen Essig-Bildner mit Buchenholzrollspänen. Der Besucher erhält auch Rezepturvorschläge und Flyer mit nützlichen Informationen.

Verkostet und natürlich auch gekauft werden können die angebotenen Produkte in einem böhmischen Gewölbe aus dem 18. Jahrhundert. Dieser Raum diente der Familie bereits als Malztenne einer Bierbrauerei, als Café und Konditorei und zuletzt als Lebensmittelmarkt. Der interessierte Besucher ist aufgefordert, einzutauchen in die weitgehend unbekannte Thematik der Würze »Essig« und seiner heilsamen Aspekte. Davon wissen nicht nur die heutigen Spitzenköche, sondern bereits Hildegard von Bingen schätzte diesen Aspekt. Firmenchef Peter Kriegl verweist auch darauf, dass immer mehr Mediziner und Ernährungsberater auf die in der jeweiligen Frucht enthaltenen Faktoren der biologisch fermentierten Essige aufmerksam machen. Und er meint: »Es sind oftmals die feinen Unterschiede, die dem Leben Würze geben.«

Alles Essig also?

Adresse Marktplatz 24, 94431 Pilsting | **Anfahrt** B 20 bis Abfahrt Pilsting, rechts bis Pilsting (circa 2 Kilometer), Ortsmitte, Marktplatz Nummer 24 linke Seite, Eingang Färberstraße | **Öffnungszeiten** Verkaufsraum: Mo–Fr 9–12 und 13–15.30 Uhr | **Tipp** Die Leonhardikirche in der Schulstraße von Ganacker ist eine sogenannte Kettenkirche. Eine Kette als Fassadenschmuck bezieht sich auf den heiligen Leonhard von Limoges.

82 Der Wasserturm

Weite Aussicht aus luftiger Höhe

Der Wasserturm von Plattling gehört zu den Wahrzeichen der ehemaligen Eisenbahnerstadt. Die weithin sichtbare große Werbefläche mit den Silhouetten der St.-Magdalenen-Kirche und des Bürgerspitals wirbt für einen Aufenthalt in der Isarstadt. »Plattling, die Isarstadt im Herzen Niederbayerns«, so prangen die Buchstaben meterhoch ins Land. Dieser Willkommensgruß wurde bei einer Turmsanierung im Jahre 1996 angebracht.

Der Wasserturm selbst ist ein zwölfeckiges Bauwerk mit genau 45,50 Metern Höhe und einem massiven Durchmesser von 15,30 Metern. Dieses Verhältnis lässt den in den 1930er Jahren erbauten Turm relativ schlicht erscheinen. Nach wie vor dient der Zweckbau zur Erzeugung von Wasserdruck und zur Speicherung des Trinkwassers. Ein Behälter mit zwei gewaltigen Kammern hält in einer Höhe von 34 Metern ein Fassungsvermögen von zusammen 800 Kubikmetern vor. Diese Menge steht also zur »Pufferung« und damit Absicherung der örtlichen Wasserversorgung bereit – wenn es denn einmal nötig wird. Bei den Besuchern sehr beliebt ist das Info-Center im Inneren des Turms. Es zeigt die Geschichte und Entwicklung der Wasserversorgung in der Stadt Plattling.

Über diesem Wasserturm liegt dann jener Abschnitt, der für den Landschaftsliebhaber außergewöhnlich interessant ist: Ein überdachter, etwa zwei Meter breiter Rundgang entführt in das umliegende niederbayerische Kernland. Bei schönem Wetter reicht die Sicht bis ins Vilstal, bei Föhn-Wetterlage kann man südwestlich sogar die Alpen erkennen. Aus der Vogelperspektive bekommt man überdies einen kompletten Eindruck von Plattling. Bestimmend sind dabei die Südzucker AG und das Industriegelände.

Am Fuße des Bayerischen Waldes ist die Große Kreisstadt Deggendorf sichtbar mit Rusel und Ulrichsberg. So weit das Auge reicht, sieht man die fruchtbaren Äcker des Gäubodens. Das Gebiet wird auch die »Kornkammer Bayerns« genannt.

Adresse Straubinger Straße, 94447 Plattling | **Anfahrt** A 3, Ausfahrt Plattling-Nord, die Bahnhofstraße liegt in Richtung des Bahnhofes | **Öffnungszeiten** nach vorheriger Anmeldung bei den Stadtwerken Plattling, Tel. 09931/91660 | **Tipp** Besuchen Sie die romanische St.-Jakobs-Basilika – die ehemalige Plattlinger Stadtpfarrkirche am rechten Isarufer ist ein romanisches Kleinod der Spitzenklasse.

83 Die Nibelungen-Skulpturen

Warum Kriemhild ihre Spuren hinterließ

Im Jahr 2004 fand in Plattling erstmals ein Bildhauer-Symposium zur Nibelungensage mit dem Thema »Königin Kriemhild und Bischof Pilgrim« statt. Künstler aus Niederbayern, Österreich und der Tschechischen Republik beteiligten sich und schufen aus verschiedenen Materialien Nibelungen-Skulpturen, die man im Stadtgebiet bewundern kann.

Ein Großteil der Werke aus vergangenen Künstlersymposien ist in der Grünanlage entlang der Bahnhofstraße zu finden. Entstanden ist hier ein respektabler Skulpturenpark mit unterschiedlichen Interpretationen dieses urdeutschen Themas. In regelmäßigen Abständen soll er erweitert werden – bis jetzt gibt es etwa 20 Beispiele von Holz bis Stein. Darunter die Werke »Verschollenes Wort« von Robert Hübner, »Der unbekannte Dichter« von Michael Lauss oder auch »Der Kopf des unbekannten Dichters« von Gabi Hanner aus dem Bayerischen Wald. Die renommierte Künstlerin ist noch einmal im Bürgerspitalgarten mit der Skulptur »Siegfried« vertreten. Auch im Plattlinger Rathaus wartet eine einschlägige Interpretation. Hier zeigt das große Glasbild »Kriemhilds Traum«, geschaffen vom Bayerwaldkünstler Rudolf Schmid, die seelische Zerrissenheit der sagenumwobenen Königin.

Als der Nibelungenzug um 1200 von Worms nach Esztergom in Ungarn unterwegs war, traf Bischof Pilgrim in Plattling auf seine Nichte Kriemhild – so schreibt es der unbekannte Dichter des bekanntesten deutschen Heldenepos. Die Gastfreundschaft sei beachtlich gewesen, so ist in den Quellen eindeutig festgehalten. Im heutigen Plattling hat man das Kompliment dankend angenommen und führt alle vier Jahre das historische Aufeinandertreffen auf. Ein mittlerweile etabliertes Nibelungenfestspiel zeigt das überlieferte Geschehen auf einer Freiluftbühne am Stadtplatz.

Adresse Preysingplatz 1, 94447 Plattling (Rathaus) | **Anfahrt** A 3 Ausfahrt Deggendorf/ Plattling, Richtung Plattling, Stadtmitte, Parkplätze am Preysingplatz | **Öffnungszeiten** Skulpturen im Rathaus während der üblichen Dienstzeiten Mo – Do 8 – 12 und 14 – 16 Uhr, Fr 8 – 12 Uhr | **Tipp** Das örtliche Nepomukmuseum in der Passauer Straße 23a ist das einzige des Brückenheiligen in Deutschland. 130 Exponate rund um den Brückenheiligen sind im ehemaligen Flussmeisterhaus ausgestellt (www.plattling.de).

84 Der Altmühlbob

Eine Sommerrodelbahn mit hohem Spaßfaktor

Der Fahrgast bestimmt die Geschwindigkeit selbst!! Die Betreiber des Altmühlbob vor den Toren von Riedenburg verweisen auf das doppelte Ausrufezeichen dabei. Das Spaßempfinden und der Wagemut sind ja bei Menschen durchaus unterschiedlich ausgeprägt.

Die 1999 in der wunderbar natürlichen Juralandschaft bei Riedenburg erbaute Sommerrodelbahn Altmühlbob ist rund 1.000 Meter lang. Sie führt auch durch luftige Höhen hindurch. Die 240 Meter hinauf zum Startpunkt gelangt man bequem im Bob sitzend. Dann kann gestartet werden: Ein Kreisel, sieben hohe Steilkurven und sechs verschieden hohe Jumps machen die Talfahrt bei einem Höhenunterschied von 45 Metern zu einem aufregenden Erlebnis. Was beruhigt: Die Bobschlitten laufen spurgeführt auf Edelstahlrohren und sind damit nach Angaben der Verantwortlichen völlig sicher und geräuschlos. Und dazu kommt wie erwähnt die Maxime: Der Fahrgast bestimmt die Geschwindigkeit selbst!! Eine Rodelfahrt bis zur Talstation dauert normalerweise circa sechs Minuten. Dabei spielt das Wetter keine besondere Rolle – während der Saison ist bei Sonnenschein und Regen geöffnet.

Rund um die Sommerrodelbahn ist seit dem Betriebsbeginn nach und nach ein kleiner Freizeitpark mit hohem Spaßfaktor entstanden. Interessierte können hier das Quadfahren probieren oder einfach entspannt am angrenzenden Badesee Agatha liegen. Als neueste Attraktion auf dem ansprechenden Gelände gilt der sogenannte »Hurricane«, mit dem über den Platz gewirbelt werden kann. Es handelt sich um eine Art von Luftkissenboot, das Erwachsenen und Jugendlichen eine Menge Unterhaltung bringt.

Für Kinder ist ein Spielplatz mit Hüpfburg aufgebaut. Daneben ist der Streichelzoo mit heimischen Hühnern, Ziegen und Vögeln ein ausgewiesener Lieblingsort der ganz Kleinen. Nicht zuletzt gibt es für die erwachsenen Gäste einen überdachten Biergarten mit Rundblick über die Anlage.

Adresse St. Agatha 6, 93339 Riedenburg-Haidhof | Anfahrt A 93 Ausfahrt Kelheim, Richtung Riedenburg, ab Riedenburg in Richtung Dietfurt, nach der Ortschaft Haidhof beim St.-Agatha-See (Parkplätze für Pkw und Busse vorhanden) | Öffnungszeiten März Sa, So 10–17.30 Uhr, April–Okt. täglich 10–17.30 Uhr | Tipp Das Kristallmuseum Riedenburg in der Bergkristallstraße birgt leuchtende Sammlungen mit wahren Schätzen aus dem Bereich der Kristalle und Edelsteine.

85__Der Archäologiepark

Jederzeit und kostenlos

Das Besondere: Der interessierte Wanderer kann an jeder der 18 Stationen »einsteigen«, und er muss sich an keine Tageszeit halten. Der Geldbeutel hat auch seine Ruhe. Es sei denn, ein Wirtshaus am Rande der Strecke lockt. Und wirklich prima: Der gesamte Archäologiepark ist hervorragend ausgeschildert! Beantwortet werden dabei Fragen wie: In welcher Höhle schnitzten unsere Vorfahren erste Kunstwerke? Wie lebten die Siedler der Jungsteinzeit?

Ein von den örtlichen Touristikern empfohlener Beginn ist das Stadttor des spätkeltischen »Oppidum Alkimoennis« bei der Schleuse Gronsdorf. Dieses rekonstruierte Stadttor geht auf Ausgrabungen an der äußeren Stadtmauer in den Jahren 1964 bis 1973 zurück. Eine weitere Station könnten nach einem »Hörpunkt« mit Informationen zum Ludwig-Donau-Main-Kanal in Altessing die fachkundig erstellten Nachbauten von historischen Öfen sein. Diese Öfen haben in Urzeiten das Bild der Landschaft geprägt. Sie waren bedeutend für die damalige Eisenverarbeitung. Jede der 18 Stationen bietet verständliche Hinweise, aus denen der Wanderer auch wirklich schlau werden kann. Die Kastlhänghöhle etwa war ein Rastplatz der alt- und mittelsteinzeitlichen Jäger. Sie hat zwei Eingänge und eine Fläche von 400 Quadratmetern. Am Ende des 19. Jahrhunderts fand man im Eingangsbereich der Höhle eindeutige vorgeschichtliche Hinweise. Auf dem weiteren Weg können die Klausenhöhlen erwandert werden, und es gilt Gräber der Bronze- und Eisenzeit zu entdecken oder ein rekonstruiertes eisenzeitliches Gehöft in Oberhofen bei Riedenburg.

Der Schlusspunkt der Zeitreise könnte das Erlebnisdorf Alcmona am alten Ludwigskanal in Dietfurt sein. Die ausgezeichnet ausgeschilderte Route von rund 39 Kilometern liegt größtenteils am Altmühltal-Radweg und lässt sich auch per Fahrrad erkunden. Die meisten Stationen sind bequem auch mit dem Auto oder Bus zu erreichen.

Adresse begehbarer Grabhügel (Station 11), 93339 Riedenburg-Haidhof | **Anfahrt** A 93 Ausfahrt Kelheim, Richtung Riedenburg, hier Schleuse Riedenburg/Haidhof, direkt neben der St 2230 oberhalb des Besucherparkplatzes | **Tipp** Natürlich sollten Sie sich auch noch das Archäologiemuseum in Kelheim ansehen. Für die lebendige Darstellung der Vergangenheit zeichnete der Europarat 1982 das Museum mit dem Europäischen Museums-Sonderpreis aus (www.archaeologisches-museum-kelheim.de).

86 Die Ritterburg Prunn

Wo das Nibelungenlied zu Hause war

Weithin unübersehbar thront auf einem 70 Meter hohen, senkrecht abfallenden Felssporn Burg Prunn. Sie ist das Idealbild einer Ritterburg – mit Blick auf das landschaftlich hinreißende Altmühltal. Die Herren von Prunn wurden 1037 erstmals erwähnt. Dass das Areal durch die schroffen Felsen im Mittelalter vom Tal her uneinnehmbar war, war sicherlich für die Wahl des Standorts ausschlaggebend.

Der Burgfried ist 31 Meter hoch, die Anlage selbst stammt aus der Blütezeit des Burgenbaus um 1200. 1288 erwarb Herzog Ludwig von Bayern die Wehranlage von den Herren von Prunn-Laaber. Später wurde das Geschlecht der Frauenberger mit der Burg belehnt. Ihr Wappen, ein steigender Schimmel auf rotem Grund, prangt heute noch beziehungsweise wieder an der Südostecke der Anlage.

Dass die Frauenberger Wert auf Anerkennung legten, zeigt auch das Innere von Burg Prunn. So konnten etwa spätgotische Wandmalereien wieder freigelegt werden. Ein imposanter Saal aus dieser Zeit vermittelt dem Betrachter einen Eindruck von früherer Macht und beachtlichem Vermögen. Dass die Burgherren auch Interesse an Kultur hatten, beweist der Fund des »Prunner Codex«, der viertältesten vollständigen Handschrift des berühmten Nibelungenliedes. Fragen um dieses mittelhochdeutsche Heldenepos werden in einer Dauerausstellung verständlich beantwortet. Die Originalhandschrift kam im 16. Jahrhundert nach München und befindet sich heute in der Bayerischen Staatsbibliothek.

Auf Burg Prunn sind noch weitere Themenräume zu besichtigen, die nicht nur auf die Geschichte des Bauwerks eingehen. Auch die Jagd oder etwa die Rolle der Frauen im Mittelalter werden dargestellt. Vor allem Kinder werden an mehreren Stellen eines Rundgangs zum Mitmachen aufgefordert. Burg Prunn gehört seit 1946 zur Verwaltung der Bayerischen Schlösser und Seen. Seit 2012 gibt es die Präsentation »Burg Prunn und das Nibelungenlied«.

Adresse Burg Prunn 1, 93339 Riedenburg-Prunn | **Anfahrt** A 9, Ausfahrt Denkendorf, über Pondorf und Riedenburg bis Prunn; A 3 Ausfahrt Parsberg, über Hemau und Riedenburg bis Prunn; in Prunn Beschilderung »Schloß Prunn« folgen (Pkw- und Bus-Parkplätze nahe der Burg) | **Öffnungszeiten** Besichtigung nur mit Führung, Dauer circa 45 Minuten, Näheres unter www.schloesser.bayern.de. | **Tipp** Lust bekommen auf eine andere Burg in der Nähe? Auf der Rosenburg finden höchst interessante Freiflugvorführungen mit Greifvögeln statt (www.falkenhofrosenburg.de).

87 Die schwebende Madonna

Eine kunsthistorische Besonderheit

Man muss kein Kunstsachverständiger sein, um sofort zu erkennen: Der Hochaltar dominiert die gesamte Klosterkirche von Rohr. Er ist nicht eines von mehreren Ausstattungsmerkmalen, sondern vielmehr Zentrum der gesamten Innenausstattung.

Der Barockkünstler Egid Quirin Asam hat hier in der Apsis eine prächtige Schaubühne geschaffen, die Blicke, Gedanken und Staunen auf sich zieht. Diese Bühne verfügt über verschiedene Ebenen: den freistehenden Hochaltar im Vordergrund, das beeindruckende Chorgestühl und darüber schließlich den zwingenden Blickfang im Altarraum. Dort ist die Himmelfahrt Mariens dargestellt – in vollendeter barocker Baukunst. Die Madonnenfigur erscheint frei im Raum schwebend, ganz so, als würde sie nur von zwei Engeln getragen. Der Kirchenbaumeister Asam ging dabei bis an die Grenzen des technisch Machbaren. Um den Schwebeeffekt zu erzielen, verankerte er zwei mit Stuck ummantelte Eisenstangen in der Chorwand. Sie halten – kaum sichtbar – Maria und die Engel frei im Kirchenraum. Eine wunderbare Szene für jeden Liebhaber von raffinierter Kunstdarstellung. Die Illusion wird noch verstärkt durch die beiden Balkone links und rechts.

Die Klosterkirche von Rohr zählt zu den bedeutendsten Barockkirchen Deutschlands. Diese Aussage gilt über den grandiosen Hochaltar hinaus. Der damals erst 25 Jahre alte Egid Quirin Asam erhielt Anfang des 18. Jahrhunderts den Auftrag für die Planung, den Bau und die Ausstattung der Kirche. Er erfüllte das in ihn gesetzte Vertrauen in allerhöchstem Maße. Die Folge waren weitere Aufträge – vor allem in Niederbayern und stets zusammen mit seinem Bruder Cosmas Damian. Sie prägten damit nachhaltig diese Kulturlandschaft!

Angegliedert an das Benediktinerkloster Rohr ist das 1947 gegründete Johannes-Nepomuk-Gymnasium. Etwa 800 Jugendliche werden hier von 60 Lehrern und Lehrerinnen betreut.

Adresse Abt-Dominik-Prokop-Platz 1, 93352 Rohr | **Anfahrt** A 93 Ausfahrt Abensberg, Richtung Rottenburg-Rohr in Niederbayern | **Öffnungszeiten** Mo – Do 9 – 11.45 und 13.30 – 16.45 Uhr, Fr 9 – 11.45 und 13.30 – 16 Uhr, Sa 9 – 11.45 Uhr, Führungen möglich über Klosterbuchhandlung; Näheres unter www.kloster-rohr.de | **Tipp** Natürlich sollte der Kunstinteressierte ins nahe Weltenburg fahren, um die Asamkirche im dortigen Klosterhof zu bestaunen.

88 Das Binder-Pehr-Haus

Eine bildhafte Erzählung der Fassbinderei

Das aus dem 17. Jahrhundert stammende Binder-Pehr-Haus ist eines der ältesten Bauwerke in Rottenburg. Es wurde 1669 nach einer Brandkatastrophe neu aufgebaut. Überörtlich interessant ist das vollständig aus Holz gebaute Gebäude aber dadurch, dass es eine komplette Werkstatt mit Werkzeugen und Maschinen aus längst vergangenen Tagen beherbergt. Das ist bayernweit einmalig.

Der »Binder Pehr« von Rottenburg war einer der letzten Vertreter des alten Handwerks, als er 1991 mit 85 Jahren sein Werkzeug endgültig aus der Hand legte.

Die Stadt Rottenburg wusste um die »Schätze« in dem Wohn- und Arbeitshaus und konnte 1996 das Anwesen erwerben. Ein engagierter und couragierter Förderverein entwickelte sowohl ein Sanierungs- als auch Nutzungskonzept. Am 1. Juli 2007 wurde das alte Handwerkerhaus als lebendiges Museum eröffnet. Das Binder-Pehr-Haus ist nach Angaben des Fördervereins bayernweit die erste Einrichtung, die eine Binderwerkstatt nicht nur im Originalzusammenhang, sondern auch im tatsächlichen Werkstattraum am ursprünglichen Standort zeigt. Das Gewerbe des Binders – auch Küfer genannt – ist bereits seit dem 15. Jahrhundert schriftlich nachweisbar. In Verbindung mit den damals besonders wichtigen Brauereien an Ort und Stelle entstehen Fässer oder Zuber, Eimer und Kannen. Wie dies geschehen ist, erzählt das Binder-Pehr-Haus in Rottenburg. Nicht nur die Werkstatt ist original erhalten, auch »Kuchl« und Schlafzimmer wurden nicht verändert. Das Gebäude ist somit in seiner Gesamtheit ein unverfälschtes Museum, es bedurfte nur der fachgerechten Aufbereitung, um endgültig zum »sprechenden Haus« zu werden.

In einer Dauerausstellung gezeigt wird zum Beispiel das früher übliche »Reparieren und Bewahren« sowie das »Leben unter einem Dach« der Handwerkerfamilien. Dazu gehörte neben den Wohn- und Schlafräumen und dem Gewölbekeller auch ein Ziegenstall.

Adresse Pfarrstraße 5, 84056 Rottenburg a. d. Laaber | **Anfahrt** A 92 Ausfahrt Landshut, B 299 Richtung Pfeffenhausen, Innenstadt Rottenburg | **Öffnungszeiten** Besuche können vereinbart werden unter info@heimatmuseum-rottenburg.de. | **Tipp** Der Rottenburger Naturerlebnispfad führt auf einer Länge von 6,7 Kilometern rund um die Stadt. Natur, Geschichte und Heimat werden an zehn Stationen erlebbar gemacht.

89 Das Radiomuseum

Vom Detektorempfänger zum Hightechgerät

War der Empfang des ersten Radiosenders im Jahre 1923 noch auf den Großraum Berlin und auf technisch interessierte, wohlhabende Bürger beschränkt, ging es danach rasant: Ab Mitte der 1920er Jahre wurden überall in Deutschland Sendeanstalten gegründet, vom bald folgenden Boom mit dem »Volksempfänger« als missbrauchtem Propagandainstrument der Nazis ganz zu schweigen.

Im Radiomuseum wird der Besuch zu einem interessanten zeitgeschichtlichen Erlebnis: So erinnert etwa ein Detektorempfänger mit Kopfhörer an die Anfänge der neuen Technik. Aus den Pionierzeiten sind Geräte aus Holz und Bakelit zu bestaunen. Die billigen Volksempfänger-Geräte begründeten den endgültigen Durchbruch bei der breiten Masse der Bevölkerung. Auch Plattenspieler und Tonbandgeräte sind aufgebaut. Die technischen Neuerungen machten nicht halt. So ist auch das erste in Rottenburg verkaufte Fernsehgerät aus dem Jahr 1954 zu bestaunen. Und daneben die Phonografen aus der Epoche vor dem Radiozeitalter. Die sehr technikaffinen Besucher interessieren sich daneben natürlich für die einstmals unverzichtbaren Messgeräte.

Das Sammelsurium in dem Privatmuseum ist übersichtlich geordnet und ermöglicht es, die Entwicklungsstufen auch ohne technische Vorkenntnisse nachzuvollziehen. Breit dokumentiert ist vor allen Dingen die spezielle, einschlägige Nachkriegsentwicklung: 1949 gab es den neuen Wellenbereich UKW. Klang und Empfang wurden immer ausgereifter, das »Styling« der Geräte passte sich dem jeweiligen Zeitgeist an. Nicht einmal das 1954 eingeführte Fernsehen konnte die Beliebtheit des Radios bremsen.

Zur Weiterentwicklung des Radiomuseums bitten die Radiofreunde durchaus um einschlägige Unterstützung: Sollte jemand seinen alten Radioapparat loswerden wollen, so findet er in Rottenburg engagierte Abnehmer – und sei es nur, um die vorhandenen Ersatzteile zu komplettieren.

Adresse Neufahrner Straße 3, 84056 Rottenburg a. d. Laaber | Anfahrt A 92 Ausfahrt Landshut, B 299 Richtung Pfeffenhausen, Rottenburg, Richtung Rathaus, Parkplätze vor dem Radiomuseum | Öffnungszeiten 1. und 3. So im Monat 13–17 Uhr | Tipp Im nahe gelegenen Pfeffenhausen, Marktplatz 3, gibt es ein Jagdmuseum mit heimischen Jagdtrophäen und Präparaten.

90__Das ehemalige Kloster

Die Nationalgalerie in der Provinz

Asbach ist seit 1984 Zweigmuseum des Bayerischen Nationalmuseums! Das ist auf dem »flachen Land« in Niederbayern schon eine bemerkenswerte Besonderheit. Die ehemalige Benediktinerabtei bietet aber wirklich einen würdigen Rahmen.

Wesentlich bestimmen die Dauerausstellungen die Struktur des altehrwürdigen Hauses. Ein gut sortierter Informationstisch am Eingang bietet einen ersten Überblick. So gibt es in mehreren Räumen des Obergeschosses eine exzellente Sammlung kunstvoll bearbeiteten Eisens. Es finden sich Schlösser und Schlüssel, Beschläge für Truhen und Kästchen, aber auch alte Zunft- und Wirtshausschilder. Zudem bietet die Abgusssammlung seltene Raritäten: Vor allen Dingen die konservatorische Komponente wird hier sehr deutlich. Mittlerweile durch Umweltschäden stark beeinträchtigte Bauplastiken sind nur noch in Asbach in ihrem originalen Zustand zu sehen.

Besonderen Anklang findet als Dauerausstellung die Sammlung über Dampf- und Blechspielzeug von Vitus Leebmann. Hier werden Dampfmaschine und Eisenbahn auf Spielzeuggröße gebracht. Zu lernen ist ganz nebenbei auch, dass der Siegeszug des Blechspielzeuges durch die Einführung von Blechstanzen und Pressen befördert wurde. Dadurch wurde der Spielzeugwerkstoff Holz verdrängt.

Die aufgebaute Modell-Dampfmaschine führt »in aller Offenheit« vor, wie sie funktioniert: Kesselanlage mit Schornstein und sogar der Wasserstandsanzeiger – alles ist zu sehen. Das ehemalige Benediktinerkloster Asbach wurde vermutlich Ende des 11. Jahrhunderts gegründet. Von der mittelalterlichen Anlage sind keine sichtbaren Reste mehr vorhanden. Nach der Zerstörung im Dreißigjährigen Krieg wurde sie wieder aufgebaut. Die Abtei wurde 1803 säkularisiert. Francois Cuvillies der Jüngere erbaute die Klosterkirche kurz vor der Säkularisation und schuf so eine gelungene Komposition am Übergang vom Rokoko zum Klassizismus.

Adresse Hauptstraße 52, 94094 Rotthalmünster-Asbach | **Anfahrt** A 3 Ausfahrt Pocking, B 388 nach Pfarrkirchen bis Kreuzung Rotthalmünster | **Öffnungszeiten** Di–So 11–17 Uhr, Führungen nach Anmeldung möglich, Tel. 08533/2300 | **Tipp** Das Heimatmuseum im Mesnerhaus am Kirchplatz zeigt 700 Exponate – darunter landestypische Trachten.

91 Die Siebenschläferkirche

Wo sieben junge Männer eingemauert wurden

Die Ursprungslegende des Patroziniums der Siebenschläferkirche von Rott geht auf die Zeit der Christenverfolgung zurück: Danach wurden im 3. Jahrhundert sieben flüchtende, junge Männer in einer Höhle eingemauert. 200 Jahre später wurde das Verlies wieder geöffnet, und die Gefangenen wachten – von Gott erweckt – unversehrt aus tiefem Schlaf auf. Sie stehen damit für den christlichen Gedanken der Auferstehung.

In die Außenmauer der – herrlich auf einer Anhöhe gelegenen – Rotthofer Kirche sind zwei Grabsteine aus der Römerzeit, die mindestens drei Personen zeigen, eingelassen. Diese wurden im Barock als Siebenschläfer gedeutet. Das ist der Beginn einer wunderbaren Kulturgeschichte. Was immer es auch auf sich hat mit Sage und Steinen – die Siebenschläferkirche in Rotthof ist ein einzigartiger Anziehungspunkt im niederbayerischen Kulturraum. Schon allein der im Jahre 1758 von Johann Baptist Modler und seinem Sohn geschaffene Hochaltar lohnt den Besuch. Dieses Kunstwerk von imponierender Qualität vermittelt die Illusion einer Grotte, in die vielfarbiges Licht fällt. Sieben Jünglinge dürfen hier zwischen Tuffstein und Muscheln träumen. Auch die übrige Einrichtung entstand in der Modler-Werkstatt in Kößlarn. Die Ausstattung der Rotthofer Kirche zählen Kenner zur Spitze der volkstümlichen Rokokokunst in Bayern. Darüber hinaus dürften beim Kirchenbau verwendete antike Fragmente laut Archäologen die römische Besiedelung des Gebietes belegen.

Bei dem Ausdruck »Siebenschläfer« denken nach wie vor viele Menschen an das Wetter. Nach einer Bauernregel setzt sich das Wetter, das am Siebenschläfertag herrscht, sieben Wochen fort. Für den Bauernstand der früheren Zeit war demzufolge der 27. Juni ein besonders wichtiger Orakeltag. Entsprechend wurde das Datum auch mit höchster Anspannung erwartet. In Europa gibt es nur noch bei Le Vieux-Marché in der Bretagne eine Siebenschläferkirche.

Adresse Rotthof 16, 94099 Ruhstorf a. d. Rott-Rotthof | Anfahrt A 3 Ausfahrt Pocking, B 12 Richtung Ruhstorf, nach circa 2 Kilometern auf die B 388 Richtung Ruhstorf/Pfarrkirchen, nach circa 800 Metern sehen Sie das Ruhstorfer Gewerbegebiet Hackerwiese auf der rechten Seite und auf dem Berg die Kirche, Beschilderung »Siebenschläferkirche« folgen | Öffnungszeiten Führungen bei der Marktverwaltung Ruhstorf, Am Schulplatz 8–10, Tel. 08531/93120 | Tipp Bis nach Schärding in Oberösterreich sind es zehn Kilometer. Ein Ausflug sollte auf jeden Fall sein. Der Obere Stadtplatz mit all seinen farbenfrohen barocken Bürgerhäusern begeistert.

92 Die Kasplattn

Ein Geheimtipp für Gipfelfreunde

Vor dem reizvollen Aufstieg sollte eine kleine Wörterkunde stehen: Eine kahle Stelle im Haupthaar wird in der bayerischen Umgangssprache als »Plattn« bezeichnet. Der Ausdruck für eine helle, ungesund aussehende Hautfarbe ist im Süden der Republik »kasig«. Da unser Geheimtipp von Westen her weithin als helle Stelle aus dem Waldmeer herausleuchtet, ist der Name »Kasplattn« praktisch zwingend.

Dieser letzte »große Berg« am nordwestlichen Ende des Vorwaldkammes hat eigentlich zwei Gipfel: den Hanichelriegel und die mit 979 Metern einen Meter höhere Kasplattn. Zwei mögliche Aufstiege werden von den Ortskundigen genannt: Einer geht vom Weiler Kolmberg durch Fichtenhochwald hinauf, der abwechslungsreichere führt von der Ahornwiese zum Gipfelbereich. Interessant für Botaniker sind dabei die Wacholder-Trockenrasenflächen mit dazwischen gelb blühender Arnika. Sehenswert sind auch die Holzhäuser der vier Höfe, die rund um die Hochfläche der Ahornwiese stehen. Insgesamt dauert der Aufstieg etwa eine Stunde. Empfohlen wird der Aufbruch am späteren Abend, da um diese Zeit beeindruckende Sonnenuntergänge über der Donauebene zu erleben sind.

Im Gipfelbereich ist klar, warum rund um das Gipfelkreuz von einem »Steinernen Meer« gesprochen wird: Der Berg ist mit Hunderten von Steinen und Felsbrocken regelrecht übersät. Unterschiedlich groß und geformt wirken sie bizarr und ursprünglich. Da im gesamten Umfeld keine Bäume stehen, kommt die ungewöhnliche Naturerscheinung voll zur Geltung. Der Aufstieg lohnt sich auch wegen des grandiosen Ausblicks: Zu sehen sind im Osten die Cham-Further-Senke und die Gipfel des Hauptkammes vom Schwarzkopf (Cerkov) mit Gibacht über den Hohen-Bogen-Kamm, den Kaitersberg-Kamm bis zum Künischen Gebirge mit dem Osser. Im Westen reicht der Blick über die Hügelketten des Vorwaldes in die Donauebene zwischen Straubing und Regensburg hinein.

Adresse 94379 Sankt Englmar | Anfahrt A 3 Ausfahrt Bogen, St 2139 über Hunderdorf, Steinburg, Neukirchen nach Grün, an Kreuzung links ab nach Klingelbach, kurz davor rechts ab zur Ahornwies/Hinterwies | Tipp Im nahe gelegenen St. Englmar gibt es einen Kletterwald. Unterschiedliche Parcours mit verschiedenen Anforderungsgraden machen den Aufenthalt zu einem Spaß für die ganze Familie.

93__Der Schlosspark

»Very british« in Rottal

Gerne wird ein Theaterbegriff verwendet, wenn Naturliebhaber über die 20 Hektar große Parkanlage ins Schwärmen geraten. Die umgebenden Höhenzüge im Süden (Irleberg) und Osten (Hopfenberg), so sagen sie, bilden ein natürliches Theaterrund, in das Carl von Effner diese »Gartenbühne« kunstvoll hineinkomponiert habe. Kein Geringerer als der königliche Hofgartendirektor wurde 1867 von der Familie Riederer von Paar beauftragt, einen Schlossgarten nach englischem Vorbild zu schaffen. Effners bekannteste Schöpfungen sind die Anlagen der Schlösser Linderhof und Herrenchiemsee für den bayerischen Märchenkönig Ludwig II. Für Schönau wurde der weltbekannte Englische Garten von München zum Vorbild. Dies ist das Verdienst der auf der Insel aufgewachsenen Baronin Rosalie Riederer von Paar.

Hofgärtner Effner erschloss den vorhandenen Raum durch kulissenartig ausgebildete Baumgruppen. Die Blickachsen richten sich dabei vorrangig auf das märchenhafte Wasserschloss. Das hauptsächlich verwendete heimische Laubbaumholz stammt von Stieleichen oder Rotbuchen. Nadelbäume und Exoten wie japanische Lärchen, Magnolien oder Platanen wurden als Akzente eingesetzt. Der artenreiche Baumbestand gilt als einzigartig in Niederbayern, immer wieder wurden angrenzende Wälder in den Schlosspark einbezogen. Der einstmals viereckige Schlossweiher erhielt seine geschwungene Form erst nach und nach. Die Anlage ist seit den 1930er Jahren öffentlich zugänglich, der Schlosspark selbst ist seit 1952 Teil des Landschaftsschutzgebietes »Park Schönau«.

Das Wasserschloss Schönau mit seinem aufragenden Turm geht auf die spätgotische Zeit um 1500 zurück und prägt diesen Teil der Rottaler Landschaft nachhaltig. Das Gesamtanwesen ging 1670 durch Heirat in den Besitz der Familie Riederer von Paar über. An diesen Eigentumsverhältnissen hat sich bis in die Gegenwart nichts geändert.

Adresse Schlossstraße 4, 84337 Schönau | **Anfahrt** A 3 Ausfahrt Straubing, B 20 bis Landau/Isar, Richtung Dingolfing/Simbach, St 2112 nach Pfarrkirchen/Schönau. Parkplätze gibt es vor dem Schlosspark. | **Öffnungszeiten** tagsüber geöffnet | **Tipp** Der Barockaltar der Kirche St. Stephan zeigt lebensgroße Schnitzfiguren der Heiligen Josef und Georg und auf dem Altarblatt die Steinigung des heiligen Stephanus.

94 Das Aenus-Denkmal

Ein nackter Hintern zeigt nach Österreich

Es ist schon ein außergewöhnliches Kunstwerk, das seit 2008 auf der Innbrücke am ehemaligen Grenzübergang von Niederbayern nach Österreich steht: Die überdimensionale Fischplastik stellt einen Huchen dar, den größten im Inn vorkommenden Raubfisch. Auf seinem Rücken reitet eine männliche Figur, der Aenus. Dieser lateinische Ausdruck steht für den Fluss Inn. Der Aenus ist 2,40 Meter groß – der Bronzeguss insgesamt sechs Meter lang. Geschaffen wurde das Kunstwerk von dem in der Gegend geborenen Bildhauer Dominik Dengl.

Zu verstehen ist der Simbacher Aenus als Sinnbild für die Naturgewalt, die der Mensch immer wieder zähmen will. Das Gesicht des Aenus drückt etwas Urwüchsiges und Stolzes aus. Der muskulöse Körper des Reiters ist nur mit einem Lendenschurz bedeckt, sein Hinterteil aber nackt. Und genau deshalb gab es in den zurückliegenden Jahren immer wieder heftige Diskussionen. Denn: Das nackte Hinterteil zeigt eindeutig nach Österreich. Ist das ein Affront unter guten Nachbarn? Als trockene Reaktion des niederbayerischen Bildhauers wird zitiert: »Gott hat nun mal Hintern gemacht.« Damit man sich auch nachts ein Bild machen kann, wird das Kunstwerk von Scheinwerfern angestrahlt.

Das Aenus-Denkmal hat eine lokale und eine internationale Vorgeschichte: Auf der Innbrücke von Simbach am Inn standen bis zum 1. Januar 1995 Schranken und Gebäude für die Grenzabfertigung nach Österreich. Als diese mit dem EU-Betritt Österreichs abgebaut wurden, kamen die Pläne für eine Neugestaltung auf.

Der Bildhauer Dominik Dengl arbeitete dann fast zweieinhalb Jahre an der Verwirklichung seiner Idee. Schließlich wurden etwa eineinhalb Tonnen einer speziellen Legierung für den Guss von Huchen und archaischem Reiter verwendet. Der Simbacher Aenus gilt als die größte Bronzeplastik, die seit Jahrzehnten in Bayern hergestellt wurde.

Adresse Innbrücke, 84359 Simbach a. Inn | Anfahrt A 94/B 12, Mühldorf-Simbach; A 3 Ausfahrt Pocking, Richtung Simbach | Tipp Am Bahnhofsvorplatz steht eine Denkmal-Lokomotive, eine DR 52 8034 - 2, eine »Kriegslok«. Diese Gefährte sind nur noch selten zu sehen.

95 Die Rokokokirche Loh

Wo einst die Erntehelfer Einkehr hielten

Die birnenförmige Zwiebelkuppel von Loh ragt weit in den fruchtbaren Gäuboden hinaus. Die zwischen 1768 und 1772 ausgestattete Kirche ist ein »Juwel des bayerischen Rokoko«, einer Epoche, die nach dem zum Teil überladenen Barock durch »luftigeren« und phantasievollen Stuck gekennzeichnet ist. Die Wallfahrtskirche Loh gilt unter Kennern sogar als bedeutendste Schöpfung des sakralen, höfischen Münchner Rokoko in ganz Bayern.

Die Grundidee lautet: »Im Kreuz ist Heil.« Die Leitung der Bauarbeiten lag bei Hofbaumeister Giovanni Antonio Viscardi. Zur Neuausstattung holte er den bedeutenden Hofstuckateur Franz Xaver Feichtmayr und den Maler Thomas Christian Wink in die niederbayerische Provinz. Es ist anzunehmen, dass Feichtmayr die gesamte plastische Ausstattung dieser Kirche nach eigenen Entwürfen gestaltet hat. Auch die hervorragend in Stuck modellierten Beichtstuhlaufsätze stammen von seiner Hand. Das Glanzstück der Kirchenausstattung ist die herrliche Kanzel. Sie wirkt auf den Besucher optisch im Raum schwebend. Seit einer sehr sensiblen Restaurierung Anfang der 1980er Jahre erstrahlen die herrlichen Stuckaturen wieder im ursprünglichen, kostbaren Azuritblau. Die Restaurierung war ein herausragendes Gemeinschaftswerk der örtlichen Bevölkerung und der Kreisdenkmalpflege im Landkreis Deggendorf.

In dem kleinen Dorf Loh findet nach wie vor jeden ersten Sonntag im September das Loher Kirchweihfest mit angeschlossenem Biergarten und Verkaufsständen statt. Dieses Fest war früher für den weiteren Umgriff ein herausragender Zeitpunkt. Hier sammelten sich auch die Dienstboten aus dem Bayerischen Wald, die den Gäubodenbauern bei der Ernte geholfen hatten. Nach der körperlichen Anstrengung gab es in Loh die willkommene Gelegenheit zum ausgelassenen Feiern. Dann ging es wieder in die Tristesse der Arbeit im Bayerischen Wald hinein. An die Rokokopracht von Loh konnte man sich dann nur noch wehmütig erinnern.

Adresse Kirchenplatz Loh, 94569 Stephansposching | **Anfahrt** A 3 Ausfahrt Straubing, B 20 Richtung Landau, B 8 Richtung Plattling, Loh ist auf der linken Seite ausgeschildert | **Tipp** In unmittelbarer Nähe von Loh bietet die Donaufähre Stephansposching die Überfuhr an. Es handelt sich um eine der letzten Donaufähren weit und breit.

96__Blue Brix

Die Straubinger Wunderwelten

Der Besuch von Blue Brix, der größten Miniaturschau Deutschlands, ist ein überaus spannendes Erlebnis für die ganze Familie. In der auf zwei Stockwerke und 750 Quadratmeter verteilten Anlage verbinden sich Phantasie und Technik mit äußerst liebevoll gestalteten Einzelheiten zu einem abwechslungsreichen Gesamterlebnis.

Die Anlage Blue Brix gliedert sich in mehrere Teilbereiche, die unabhängig voneinander erlebt werden können. Nach dem Motto »Von der Nordsee zu den Alpen« gibt es im Obergeschoss einen Streifzug durch ein Miniatur-Deutschland. Hier sind die verschiedenen Lokomotiven aus der gesamten Eisenbahn-Geschichte unterwegs. Auf einem Gleisnetz von 1.600 Metern Länge fahren über 100 Lokomotiven nebst dazugehörigen Wagons. Neben den Gleisen gibt es einen Mini-Flughafen zu bestaunen oder auch eine Kaserne der Bundeswehr oder ein Fußballstadion.

Ein besonderes Augenmerk wird im Blue Brix auf die »Heimat« der Anlage, auf die Stadt Straubing, gelegt. Auf 130 Quadratmetern ist nicht nur die historische Innenstadt mit Stadtturm und Rathaus, Wasserturm und Straubinger Schloss nachgebaut. Weitere Anlagenteile zeigen den wunderschön angelegten Straubinger Tierpark und das weithin bekannte Gäuboden-Volksfest.

Im nächsten Schaubereich geht es dann mit der Rhätischen Bahn in die Schweizer Alpen. Eindrucksvoll ist hier das mächtige Gebirge dargestellt. Durch die Berge schlängeln sich immer wieder Gleise und Straßen.

Und dann wieder die Details am Rande: Ob in der Stadt, am Bahnhof oder auf dem Land, überall findet man sehenswerte Kleinigkeiten. Kein Wunder: Mehrere Modellbauer sind ständig mit Arbeiten an der Anlage beschäftigt.

Darf es dann noch ein Blick auf die Westernanlage sein? Auf 160 Quadratmetern kann man den Norden des amerikanischen Westens erleben.

Adresse Geiselhöringer Straße 23c, 94315 Straubing, www.bluebrix.de | Anfahrt A 93, Ausfahrt Kirchroth, geradeaus am Eisstadion vorbei, 3. Ampel rechts auf Geiselhöringer Straße, circa 100 Meter links Einfahrt zum Gelände | Öffnungszeiten Do 13–18 Uhr, Fr, Sa, So und Feiertage jeweils ab 10 Uhr, in den bayerischen Schulferien täglich 10–18 Uhr | Tipp In der Krankenhausgasse am Rand des Stadtplatzes steht der denkmalgeschützte Wasserturm. Es ist der letzte in Bayern gebaute Wasserturm. Das 63 Meter hohe Gebäude wurde 1922 im ausgehenden Jugendstil errichtet.

97__Der Friedhof St. Peter

Wo die ertränkte Agnes ihre Ruhe fand

Das ummauerte Friedhofsgärtlein St. Peter ist eine der eindrucksvollsten Friedhofsanlagen Deutschlands – so schreiben Kunsthistoriker. Wer durch das schwere Eingangstor in der Nähe des Elisabeth-Klinikums tritt, wird dies ohne Zögern bestätigen. Um die zentrale dreischiffige Basilika St. Peter aus der Romanik ist eine schier unübersehbare Zahl von Grabdenkmälern aus der Zeit des 14. bis zur Mitte des 20. Jahrhunderts erhalten. Neuere Bestattungen gibt es schon seit vielen Jahren nicht mehr.

Zwischen den Gräbern ist das Gras ungemäht, auch ansonsten wirkt hier alles »in Ruhe gelassen«. Die würdevolle Atmosphäre überträgt sich unmittelbar auf den Besucher, die Schritte werden kleiner, und die Augen nehmen jede Einzelheit auf. Schmiede- und gusseiserne Kreuze wechseln sich ab, individuell gestaltete Grabsteine, manche davon sensibel restauriert, säumen den Weg. Die allermeisten der uralten Steine hat die Natur einfach überwuchert. Ein beinahe morbider Charakter bestimmt die Welt hinter dieser Friedhofsmauer. Die Kirche St. Peter zeigt zwei eindrucksvolle Tympanons, im Inneren befinden sich ein romanischer Christus und eine etwas jüngere Pieta.

Weiterhin interessant sind drei Kapellen: »Zu Unserer Lieben Frau« aus dem 15. Jahrhundert, eine weitere, die einen außergewöhnlichen Totentanz aus dem Jahr 1763 beherbergt, sowie die Agnes-Bernauer-Kapelle. Die Augsburger Baderstochter Agnes Bernauer war die große Liebe des bayerischen Herzogs Albrecht III. Sie war aber nicht standesgemäß, ein Vater-Sohn-Konflikt eskalierte, und Herzogsvater Ernst ließ die junge Frau 1435 in der Straubinger Donau ertränken. Wo Agnes wirklich bestattet ist, ist unklar. In den Boden der eindrucksvollen Kapelle wurde aber vom vielleicht reuigen Schwiegervater ein Grabstein aus rotem Marmor eingelassen. Darauf ist »die Bernauerin« nahezu in Lebensgröße liegend dargestellt. Zwei kleine Hunde liegen ihr zu Füßen.

Adresse Friedhofstraße 32, 94315 Straubing | **Anfahrt** A 3, Ausfahrt Straubing Innenstadt, Beschilderung Elisabeth-Klinikum folgen | **Öffnungszeiten** tagsüber frei zugänglich | **Tipp** Vom kostenlosen Großparkplatz »Am Hagen« kommen Sie in wenigen Minuten zu Fuß zum Burgschloss. Alle vier Jahre ist der Schlosshof Schauplatz für die Agnes-Bernauer-Festspiele. Sie bringen die tragische Geschichte der Herzogsfrau auf die Bühne.

98 Die Galerie Weytterturm

Kunst im ehemaligen Stadtturm

Im 15. Jahrhundert »in der Bürg« am westlichen Altstadtrand erbaut, war der Weytterturm wesentlicher Teil der historischen Stadtbefestigung Straubings. Dass er im Volksmund »Polizeiturm« genannt wird, ist der Nachbarschaft zum Polizeigebäude im ehemaligen Jesuitenkolleg geschuldet.

Der fast quadratische Weytterturm ist keine 20 Meter hoch und steht mit seinem aufragenden Pyramidendach beinahe versteckt in einem abgeschlossenen Hof. Es sieht so aus, als wollte man seine Schönheit vor allzu neugierigen Augen bewahren. Dieses zauberhafte Hinterhofidyll erinnert an Carl Spitzweg. Der Maler des »armen Poeten« arbeitete 1829 als Apotheker in der Löwenapotheke von Straubing.

Erschlossen ist das Ende der 1980er Jahre von der Stadt sanierte, wertvolle Baudenkmal durch eine überdachte Holztreppe. Niedrige Vorbauten lehnen sich in die Szene. Die Treppe führt in weitere Etagen. Seit 1990 füllt die Gemeinschaft Bildender Künstler mit einer Galerie den vorher teilweise ramponierten Weytterturm mit künstlerischem Leben. Auf vier Geschossen gibt es fünf Ausstellungsräume mit insgesamt rund 100 Quadratmetern Fläche. Die einzelnen Zimmer sind zwar etwas niedrig und die Fenster klein, sodass nur wenig Licht hereindringt. Das ist aber andrerseits ein überdeutlicher Verweis auf die erhaltene historische Bausubstanz. Jährlich sind sechs jurierte Einzel- und Gruppenausstellungen vorgesehen.

Schließlich ist noch zu klären, wie der Weytterturm zu seinem Namen kam. Rundherum angesiedelt waren in diesem Teil der alten Herzogstadt Straubing die Betriebe des Färbergewerbes. Es liegt nahe, dass sich die Turmbezeichnung auf den Färbstoff »Waid« – also Indigoblau – bezieht. Von den mittelalterlichen Wehrtürmen ist übrigens neben dem Weytterturm nur noch der runde »Pulverturm« erhalten. Dort ist heute ein Ehrenmal für die Opfer der Weltkriege aufgestellt.

Adresse In der Bürg 34, 94315 Straubing | Anfahrt A 3 Ausfahrt Straubing, Stadtmitte, Ausschilderung des kostenlosen Großparkplatzes »Am Hagen« folgen. Am fünf Minuten entfernten westlichen Altstadteingang steht der Weytterturm neben dem Polizeigebäude. | Öffnungszeiten Infos unter kunstgruber@googlemail.com | Tipp Beherrschender sakraler Baukörper in Straubing ist die Pfarrkirche St. Jakob. Sie zählt zu den bedeutendsten Hallenkirchen in Altbayern. Eine Besonderheit ist hier das restaurierte Mosesfenster von Albrecht Dürer.

99__Das Gäubodenmuseum

Auf Du und Du mit den Römern

Den unscheinbaren Museumseingang in der Frauenhoferstraße könnte man leicht übersehen. Das wäre aber äußerst schade: Das hier gezeigte Erbe aus frühesten Zeiten ist faszinierend aufgebaut und in seiner Güte und Menge ungewöhnlich. Neben einer Dauerausstellung über die Besiedelung der Region und sakrale Kunst ist es der überregional bekannte »Straubinger Römerschatz«, der Besucher aus nah und fern interessiert.

Sorviodurum – so der römische Name von Straubing – war ein bedeutender Militärort an der raetischen Donaugrenze. Dies zeigte sich besonders eindrucksvoll im Oktober 1950. In der heute zur Stadt Straubing gehörenden Gemeinde Alburg wird einer der bedeutendsten römischen Funde in Deutschland gemacht. Bei Aushubarbeiten kommt ein großer Kupferkessel zutage. Nach wissenschaftlichen Erkenntnissen war er im 3. Jahrhundert, während der Alemanneneinfälle, eilig vergraben worden. Enthalten in dem Kessel sind unter anderem auch Teile von Paraderüstungen. Sie sind das Kernstück des Fundes! Derartige Ausrüstungen waren bei römischen Siegesfeiern oder Kaisergeburtstagen getragen worden. Auch bei Reiterspielen wurden sie zur Freude der Zuschauer eingesetzt. Die Archäologen und Historiker waren begeistert – und sind es noch. Bis heute handelt es sich um den bedeutendsten Fund römischer Paraderüstungsteile im Gebiet des ehemaligen Imperium Romanum. Die Gesichtshelme, Beinschienen und Rossstirnen locken auch interessierte Wissenschaftler nach Straubing.

Darüber hinaus gibt es im Gäubodenmuseum einen interessanten Überblick über das Alltagsleben der in Sorviodurum stationierten Soldaten bis hin zur ehrenvollen Entlassung nach »schlappen« 25 Dienstjahren. Funde aus den unruhigen Jahrzehnten im 3. Jahrhundert führen dann zur Spätantike. Damals war letztmals eine römische Garnison in Straubing stationiert. Das war's dann mit der Römerherrlichkeit in Niederbayern.

Adresse Fraunhoferstraße 23, 94315 Straubing | **Anfahrt** A 3 Ausfahrt Straubing, kostenloses Parken am Großparkplatz »Am Hagen«, von dort in Richtung Innenstadt, der Fußweg zum Museum dauert nicht mehr als fünf Minuten | **Öffnungszeiten** Di–So 10–16 Uhr; Einzelheiten unter www.gaeubodenmusuem.de | **Tipp** Im Römerpark Straubing gibt es ebenfalls Informationen zum römischen Straubing. Der Zugang mit Parkmöglichkeit erfolgt über die Schlesische Straße.

100 Der Stadtturm

Die Herzkammer des Gäubodens

Seit dem 13. Jahrhundert findet das städtische Leben von Straubing vorwiegend im mittelalterlichen Zentrum statt. Hier ist alles Notwendige vorhanden: verschiedene Geschäfte mit breitem Angebot, reichlich Platz zum Flanieren sowie wertvolle Bausubstanz in Hülle und Fülle. Rund um das gut 600 Meter lange Zentrum mit Ludwigs- und Theresienplatz berichten stolze, farblich unterschiedlich verputzte Patrizierhäuser vom Wohlstand des umliegenden Gäubodens und auch vom Repräsentationswillen der Bürgerschaft. Den besten Überblick über diese prächtige Kulisse hat man vom Stadtturm aus.

Der mittelalterliche Wachturm ist 68 Meter hoch und die »natürliche« Mitte des Ensembles. Von oben aus öffnet sich ein beeindruckender Blick auf die wittelsbachische Stadtanlage sowie auf die Donau, den Bayerischen Wald und die Kornkammer Bayerns, den Gäuboden. Der Ertrag der Böden ist hier herausragend. Der achtgeschossige Feuer- und Wachturm wurde 1316 geschaffen und bis in das 16. Jahrhundert mit Türmerwohnung und fünf Spitzen ausgebaut. Der letzte Türmer verließ 1930 seinen Posten. Er und seine Vorgänger wurden per Eid zu gewissenhaftester Pflichterfüllung angehalten. Nicht nur nach Bränden musste aus dem obersten Stockwerk Ausschau gehalten werden. Vielmehr war eine rote Fahne zu hissen, wenn ein Schiff auf der Donau auftauchte. Die Mautner konnten dann den fälligen Zoll erheben. Auch die Glockenuhr gehörte in das Dienstressort des Türmers.

Das heutige Glockenspiel besteht aus 26 Glocken und hat ein Gewicht von über 2.000 Kilogramm. Eingraviert sind die Namen von Bürgern, die für das Glockenspiel gespendet haben. Die Glocken sind vom Tonwert so abgestimmt, dass Melodien sowohl in Dur als auch in Moll gespielt werden können. Dies ist auf der Welt bis jetzt einzigartig, so die stolzen Straubinger. 130 von der Stadt ausgesuchte Melodien sind eingespielt.

Adresse Theresienplatz 21, 94315 Straubing | Anfahrt A 3 Ausfahrt Straubing, kostenloses Parken am Großparkplatz »Am Hagen« unmittelbar an der Altstadt | Öffnungszeiten nur im Rahmen einer Führung zu besichtigen, Auskünfte im Amt für Tourismus gleich gegenüber | Tipp Vielleicht darf es nach der Turmbesteigung ein Zoobesuch sein? Der Straubinger Tierpark vor den Toren der Stadt ist der einzige seiner Art in Ostbayern.

101 Das Geburtshaus des Franz von Stuck

Wo der »Malerfürst« begann

Ritter und Geheimrat – auch diese Titel trug der bayerische »Malerfürst« Franz von Stuck. Geboren wurde der spätere Promi 1863 als Sohn des Müllers Franz Stuck und seiner Frau Anna in Tettenweis im heutigen Landkreis Passau. In den Jahren 1986/87 wurde sein Geburtshaus von privater Hand erworben und restauriert. Im Erdgeschoss wurde ein Museum eingerichtet – es musste aber aus finanziellen Gründen wieder geschlossen werden. Heute gibt es vor diesem Haus lediglich die Statue eines selbstbewussten, erfolgreichen Mannes. Der dörfliche Hintergrund erscheint auf den ersten Blick etwas unpassend, jedoch: Er gehört zur vollständig erzählten Lebensgeschichte.

Wie die Fama vermeldet, hat Franz Stuck schon als Fünfjähriger im Geburtshaus alle Fußböden mit Kreide vollgekritzelt. Die Mutter erkannte seine Begabung, und nach der Realschule folgten Studien unter anderem an der Kunstgewerbeschule in München. Das junge Talent musste aber von früh an seinen Lebensunterhalt selbst verdienen. Schon während seiner Schulzeit lieferte Stuck Illustrationen für Zeitschriften. Populär wurde er durch Karikaturen. Als Stuck schließlich 1899 im Münchner Glaspalast für das Bild »Wächter des Paradieses« eine Goldmedaille gewann, hatte er es aber geschafft.

Stuck wurde Professor der Akademie in München, und es gehörte von nun an zum guten Ton, eines seiner Bilder zu erwerben. Das Einkommen des Jugendstilmalers stieg in schwindelnde Höhen. Er konnte sich in der Prinzregentenstraße einen Palast bauen – die bekannte »Villa Stuck«. Der Künstler wurde geadelt und war weltweit anerkannt.

Mit dem Ende des Ersten Weltkrieges 1918 verblasste allerdings sein Ruhm. Die vermögende Schicht, die ihn getragen hatte, war verarmt. Franz von Stuck starb am 30. August 1928.

Adresse Kirchplatz 4, 94167 Tettenweis | Anfahrt A 3 Ausfahrt Pocking, weiter auf B 388, abbiegen auf St 2117 Richtung Tettenweis | Tipp In Pocking wartet das Rottauer Museum für Fahrzeuge, Wehrtechnik und Zeitgeschichte auf den Besucher (geöffnet März–Okt. täglich 13–16 Uhr; Nov.–Feb. nur nach Vereinbarung, Tel. 08531/32900).

102 Das Wasserschloss Train

Wo das Textbuch zur »Zauberflöte« entstand

Das bezaubernde Wasserschloss wurde im 15. Jahrhundert durch den Hofmarksherren von Train erbaut. Angeschlossen an den Bau ist eine Schlosskapelle aus dem 17. Jahrhundert, deren Rokokoaltar der Landshuter Meister Christian Jorhan der Ältere schuf. In früherer Zeit zog eine Nachbildung der Schwarzen Madonna von Altötting die Pilger an.

Von außen zu sehen ist in Train eine von einem Graben umgebene Weiherhausanlage mit Ringmauer und Ecktürmen. Der Wohnbau steht an der Nordostecke des Areals. Wie ehedem führt eine Holzbrücke über den Graben zum Portal. Bei der Wohnanlage handelt es sich um einen dreigeschossigen Walmdachbau. Durch die zwei großen Fenster in den Obergeschossen erhält die Fassade ihre eindeutige Gliederung. Das in Putz ausgeführte Portal flankieren zwei Pilaster, die eine geschweifte Bedachung tragen. An den Dachecken befinden sich Wasserspeier.

Und da ist noch eine außergewöhnliche Geschichte, die mit dem Wasserschloss von Train stets in Verbindung bleiben wird. Der wahrscheinlich berühmteste Gast, der jemals innerhalb der Schlossmauern wohnte, war Emanuel Schikaneder. Wesentliche Teile seines Textbuches zur Mozart-Oper »Die Zauberflöte« dürfte er – oder könnte er zumindest – hier geschrieben haben.

Schikaneder hatte als damaliger Regensburger Theaterdirektor eine leidenschaftliche Affäre mit Elisabeth von Train, so ist durchaus glaubhaft überliefert. Die temperamentvolle Tochter eines Holzmeisters hatte vorher dem Fürsten Karl Anselm von Thurn und Taxis den Kopf derart verdreht, dass er sie 1787 heiratete und deswegen in den Adelsstand erheben musste. Weil das Zusammenleben aber nicht »schicklich« gewesen wäre, kaufte er der Herzensdame kurzerhand die Hofmark Train. Hier vertrieb sich Elisabeth auf möglichst abwechslungsreiche Weise die Zeit. So kam sie dann wohl auch Schikaneder näher.

Adresse Herrnstraße 8, 93358 Train | **Anfahrt** A 93 Ausfahrt Elsendorf, B 301, über St. Johann nach Train | **Öffnungszeiten** von außen zu besichtigen, Weiteres unter www.gemeinde-train.de | **Tipp** Das Schloss Ratzenhofen, Dorfstraße 32, 84094 Elsendorf, ist eine zweigeschossige Vierflügelanlage mit eigener Schlosskapelle. Der idyllische Biergarten ist ein beliebtes Ausflugsziel für die ganze Familie.

103 Das »Haus am Strom«

Umweltbildung mittendrin

Im Sommer 2000 wurde im Bereich von Untergriesbach neben dem Kraftwerk Jochenstein das Informationszentrum »Haus am Strom« eröffnet. Die Gebäude dieses österreichisch-bayerischen Gemeinschaftsprojektes sind einem überdimensionierten Fisch nachempfunden. Das Ensemble, in das auch das ehemalige Zollgebäude einbezogen ist, gleicht insgesamt einer (Donau-)Welle.

Im Hausinneren kann der Besucher sein Wissen über die Umwelt erheblich verbreitern. In der »Wasser-Erlebniswelt« beispielsweise wird der Unterwasserraum mit lebenden Donaufischen gezeigt. Auch die Edelsteine des Donautals sind zu sehen. Angeboten werden zudem Führungen durch das nahe Jochenstein-Kraftwerk und das Naturschutzgebiet Donautal. Rund ums Haus gibt es abwechslungsreiche Wasserspiele für kleine Besucher, und im Biergarten und im Bistro beim »Haus am Strom« werden biologische Köstlichkeiten angeboten.

Das umliegende Donautal zwischen Hofkirchen bei Vilshofen und Aschach in Oberösterreich gilt als eine der interessantesten europäischen Flusslandschaften. Hier fand die Donau vor drei Millionen Jahren ihr jetziges Bett. Das Passauer Land zeigt sich hier von seiner attraktivsten Seite: ein behäbiger, uralter Strom im Tal, baumbewachsene Hänge entlang des Ufers – die Donauleiten sind ein »natürliches Paradestück«, so heißt es in einer Beschreibung. Wegen der seltenen Pflanzen und Tiere sind diese Hänge als Naturschutzgebiet ausgewiesen. Ob Bachperlmuschel oder Feuersalamander, es gibt bei einschlägigen Führungen immer etwas zu sehen. Das seit 2011 unter Denkmalschutz stehende Kraftwerk Jochenstein an der Grenze ist das einzige gemeinsame Technikdenkmal Österreichs und Bayerns. Es ist das größte Flusskraftwerk Deutschlands und verfügt über 240 Meter lange Schleusen, fünf Kaplanturbinen und riesige Wehre, über die bei Hochwasser gigantische Wassermassen strömen. Fußgänger und Radfahrer können hier ganzjährig die Donau überqueren.

Adresse Am Kraftwerk 4, 94107 Untergriesbach-Jochenstein | Anfahrt aus Richtung Passau auf der B 388 über Obernzell, Richtung Jochenstein, der Beschilderung folgen | Tipp Sie können mit einem Donauschiff ins zauberhafte Engelhartszell in Oberösterreich fahren. Vielleicht fragen Sie dort nach einer Jause?

104__Die Brenninger-Skulpturen

Erinnerungen an einen Großkünstler

Seine Plastiken schmücken Museen auf der ganzen Welt – die meisten Werke des Professors Brenninger sind allerdings in Velden an der Vils ausgestellt. Man spricht in dem Geburtsort des 1909 geborenen Künstlers stolz von einem Brenninger-Freilichtmuseum. Schon am Ortseingang sind entsprechende Hinweistafeln zu sehen.

Ein Rundweg führt zu etwa 30 Kunstwerken und Gedenkstätten des Bildhauers und Kunstprofessors. Das »Mädchen mit Taube« im Grünstreifen am Marktberg ist der Ausgangspunkt. Es handelt sich um eine Bronzeplastik auf einem Sockel. Die menschliche Figur war für Brenninger das Zentrum seiner Arbeiten. Weitere Stationen sind der »Apoll« oder die Tauben am Giebel des Rathauses.

Zwei Brunnen stehen im Ortskern von Velden. Am Marktplatz der Petersbrunnen: Aus einer Felsformation sprudelt Wasser in Kaskaden hervor – ein Symbol für Petrus, den Felsen, den Kirchenpatron Veldens. An Brenningers Geburtshaus am Schuberteck erinnert schließlich eine Bronzetafel mit dem Schriftzug »GENIUS LOCI« an den 1988 verstorbenen, größten Sohn des Marktes Velden. Auf seinem Grab auf dem alten Friedhof steht das von ihm geschaffene Kunstwerk »Der Betende«.

1961 wurde Brenninger Professor für Plastik an der Akademie der Bildenden Künste München, später auch Präsident. Seine Werke wurden weltweit ausgestellt. Trotz dieser Bekanntheit verlor Georg Brenninger niemals den Kontakt zu seiner Heimat. Er blieb ein Verehrer der Natur. In einer Veröffentlichung des Autors Karsten Welte heißt es, dass auch der alt gewordene Brenninger immer wieder von den »busigen Hügeln« seiner Heimat schwärmte. Als wohlhabender Mann schenkte Brenninger jährlich auch den armen Veldenern Geld und stiftete dem Markt 50.000 Mark. Mit den Zinserträgen sollte den Armen geholfen werden, so seine Auflage.

Adresse Marktplatz 33, 84149 Velden a. d. Vils | Anfahrt B 15 neu, Richtung Vilsbiburg, Velden / Ortsmitte | Tipp Die Marktstraße im nahe gelegenen Geisenhausen ist mit historischen Bürgerhäusern des 19. Jahrhunderts gesäumt. Wieder so ein prächtiger niederbayerischer Marktplatz!

105 Der Nachbau von Stonehenge

Ein wahr gewordener Traum

Die Idee zu diesem Bau trug der Landschaftsgärtner Werner Wick schon seit 1976 mit sich herum: Damals fragte er sich an Ort und Stelle, wie es die Menschen vor 4.000 Jahren geschafft hatten, das Monument im walisischen Stonehenge aufzubauen. Seine Antwort: »Es war wohl sauschwer.« Es dauerte bis 2003, bis Werner Wick das niederbayerische Stonehenge angehen konnte. Dabei musste er zunächst in den Steinbrüchen des Bayerischen Waldes nach geeignetem Material suchen. Nach dem mühsamen Transport ging es an den noch anstrengenderen Aufbau des inneren Zirkels im Maßstab 1:1.

Den Platz für das Monument auf einer Anhöhe hinter seinem (abenteuerlichen!) Bauernhof hat Wick instinktiv ausgewählt. Die Ausrichtung des Steinkreises entspricht dem Original. So lässt sich vom Zentrum des Kreises aus zur Sommer- und Wintersonnwende der Sonnenaufgang im mittleren Trilithen beobachten. Der Unterschied zum Original: Die Granitsteinblöcke sind mit einem Betonfundament zusätzlich gegen Umfallen gesichert. Und das aus gutem Grund: Das Monument ist bis zu vier Meter hoch, und schon der leichteste der oben liegenden Deckel der fünf Steintore wiegt sechs Tonnen. Da war es schon gut, dass Wick und sein Freund beim Aufbau schweres Maschinengerät verwenden konnten – anders als die Erbauer in der Jungsteinzeit.

Was hat es mit den »hängenden Steinen« in Wales eigentlich auf sich? Wahrscheinlich ist, dass es sich um einen Versammlungsort für religiöse Zeremonien gehandelt hat, die mit dem Ablauf von Sonne und Mond zu tun hatten. Interessierten Besuchern zeigt Werner Wick sein Stonehenge sehr gerne. Man soll sich nur vorher »anständig anmelden«. Der Weg führt durch Wicks stark verbautes Anwesen. Überall sind Steine, alte Autos und Geräte – niemals würde man hier eine niederbayerische Entdeckung vermuten.

Adresse Kreuz, 84149 Velden a. d. Vils | Anfahrt B 15, Vilsbiburg, nach Velden, direkt an der B 388, Kunstwerk circa 3 Kilometer entfernt von Velden | Öffnungszeiten Anmeldung unter Tel. 08742/8888 oder w.wick@wick-landschaft.de | Tipp Der Marktplatz von Velden steht unter Ensembleschutz. Es handelt sich um eine L-förmige Anlage mit Bauten aus dem 19. Jahrhundert.

106 Das Kröninger Hafnermuseum

Eine Heimstatt für niederbayerisches Kulturgut

Das mit 1.000 Quadratmetern Ausstellungsfläche unerwartet umfangreiche Heimatmuseum im ehemaligen Heilig-Geist-Spital darf durchaus zu Recht (auch) als Hafnermuseum bezeichnet werden. Die seit Anfang des 14. Jahrhunderts nachweisbare Kröninger Hafnerkeramik bildet jedenfalls den Schwerpunkt des Hauses mit der roten Fassade mitten in der Altstadt.

Das zweite Stockwerk des historischen Gebäudes widmet sich ausschließlich der tönernen Vergangenheit von Kröning. Über 600 Jahre lang waren nördlich von Vilsbiburg zeitweise deutlich mehr als 100 Töpfereien ansässig. Durch die jahrzehntelange Sammlertätigkeit von Museumsleiter Lambert Grasmann sind heute weit über 2.500 Exponate erschlossen. 1.000 davon werden in einer Dauerausstellung präsentiert. Hier wird der Stellenwert von Gebrauchskeramik für den Betrachter deutlich. Die einfachen Suppenschüsseln oder das spezielle Geschirr zur Zubereitung der Mehlspeise Dampfnudeln gehörte zum täglichen Leben. Im regelmäßigen Gebrauch war früher auch der sogenannte Milchweidling, eine Schüssel mit weitem Rand und Mündung, die dazu diente, die Milch stocken zu lassen.

Die ältesten keramischen Fundstücke, bauchige Töpfe und ein Kelchglas aus dem 13. Jahrhundert, tauchten bei der Sanierung der Spitalkirche im Jahre 2000 auf. Jüngere wurden buchstäblich in alten Abfallgruben der Töpfereien in den 1980er Jahren gefunden.

Das Verbreitungsgebiet der Kröninger Hafnerware reichte in den Glanzzeiten des 18. Jahrhunderts von der nördlichen Oberpfalz bis Südtirol und von Schwaben bis Salzburg und Oberösterreich. 1935 gab der letzte Kröninger Hafner, Georg Zettl, in Jesendorf seinen Betrieb auf. Der Hafnerei verbunden, hat er sich noch in den 1960er Jahren manchmal vor das Haus gesetzt, um das Drehen einfacher Gefäße vorzuführen.

Adresse Stadtplatz 39–40, 84137 Vilsbiburg | Anfahrt A 92 Ausfahrt Landshut-Nord, Richtung Vilsbiburg 23 Kilometer, am Schnittpunkt der B 299 und B 388 | Öffnungszeiten Mi 14–16 Uhr, So 10–12 Uhr, 1. Sa, So im Monat 14–16 Uhr | Tipp Außergewöhnlich reizvoll ist das Hafnerdorf Bödldorf, ein paar Kilometer südlich von Kirchberg. Der gesamte Ort ist als Ensemble denkmalgeschützt.

107_Das Afrikamuseum

Die Mitbringsel der Missionspatres

Wer zum Afrikamuseum will, muss zum Klosterladen der Benediktinerabtei Schweiklberg. Nach Ländern sortiert gibt es dann in der ehemaligen Seminarkapelle einen Überblick über afrikanische Kunst und Kultur bis in die Gegenwart. Insgesamt etwa 800 Ausstellungsstücke sind es, teilweise in – gut ausgeleuchteten – Stand- und Liegevitrinen präsentiert.

Als auffallendes Prunkstück hervorgehoben ist ein farbenprächtiger Königsmantel aus Nigeria. Die Perlen sind aus edelstem Murano-Glas. Das Exponat ist über 100 Jahre alt und auch noch verziert mit Schlangen und Totenköpfen. Besonders auffallend im Eingangsbereich des Museums sind rot und schwarz bemalte Körpermasken. Sie waren bei den Ureinwohnern sehr beliebt und wurden deshalb häufig bei mystischen Tänzen verwendet. Man kann sich allerdings vorstellen, dass es enorme Kraft kostet, sich darin zu bewegen. Besonders anschaulich sind Wurfdolche oder Schwerter oder die hölzerne Trommel, bespannt mit einem echten Elefantenohr. Die Töne daraus sind durchdringend, man kann auch sagen eindringlich. Dass diese und andere Einblicke in das afrikanische Stammesleben überhaupt möglich sind, verdankt der Besucher den eher zufälligen »Mitbringseln« von heimkehrenden Missionaren aus Ost- und Südafrika. Seit den 1960er Jahren wurden diese Ebenholzschnitzereien, Tiergeweihe oder auch Töpferarbeiten dann planmäßig gesammelt. Wo so ein Grundstock gelegt ist, kommen bald auch einschlägige Geschenke von Gönnern und Erwerbungen aus Privatsammlungen dazu. Auf diese Weise wuchs die Sammlung immer weiter und gilt heute als herausragendes Museum für afrikanische Kunst und Völkerkunde im süddeutschen Raum.

Das Kloster Schweiklberg ist durch seine erhöhte Lage in der niederbayerischen Ebene weithin sichtbar. Die Hauptaufgabe des Klosters besteht und bestand in der Ausbildung von Missionsbenediktinern.

Adresse Schweiklbergstraße 1, 94474 Vilshofen a. d. Donau | Anfahrt A 3 Ausfahrt Vilshofen/Garham, Richtung Vilshofen, geradeaus über Donaubrücke, PA 83 bis Schweiklberg | Öffnungszeiten täglich 13.30–17 Uhr | Tipp Im Jahr 2000 wurde in der Klosterkirche die neue Dreifaltigkeits-Orgel mit 5.769 Pfeifen eingeweiht. Die Hauptorgel hat 52 Register auf drei Manualen und Pedal.

108 Der Ginkgohain

Ein Park für die Ewigkeit

Das 800-jährige Stadtjubiläum schien der richtige Zeitpunkt für eine ungewöhnliche, im wahrsten Sinne »nachhaltige« Aktion. So wurden im Jahre 2006 nach einem Bürgeraufruf symbolisch für jeden Tag eines Jahres 365 Bäume gepflanzt – damals der größte europäische Ginkgohain. Natürlich ist dieser Park auch an 365 Tagen des Jahres zugänglich – also immer. Von den Einwohnern selbst gepflanzt soll der Hain auch ein Symbol für bürgerliches Selbstbewusstsein sein.

Insgesamt umfasst der Vilshofener Bürgerpark »In der Bleiche« am rechten Vilsufer nahe der Altstadt beachtliche 42.000 Quadratmeter. Er ist mittlerweile durch einen Fußweg geteilt. Auf der einen Seite sind die Bäume der Bürgeraktion 2006. Gegenüber haben Schul- und Kindergartenkinder nachgepflanzt. Im gesamten Stadtgebiet ist die Ginkgofläche dann noch einmal deutlich größer. Denn: Die Aktion hat sich zu einem Selbstläufer entwickelt. Immer wieder werden von Bürgern auf Privatgrundstücken neue Bäume gepflanzt – ein Ende ist nicht abzusehen. Begünstigt wird der eigentliche Ginkgohain durch das günstige Klima in der Donauebene am Zusammenfluss von Donau und Vils. Hier liegt auch eine der schönsten Wasser- und Auenlandschaften der Region. Doch die Entwicklung braucht Geduld: Wer durch den Ginkgopark geht, der kann in der Regel noch mit der Höhe der Bäume mithalten. Ein Wald im bekannten Sinne wird erst nach und nach entstehen. Gewiss ist allerdings: Bei der Robustheit des Ginkgos dürften noch viele Generationen von Vilshofener Bürgern und Gästen ungetrübte Freude haben. Es ist also tatsächlich ein »Park für die Ewigkeit« entstanden. Ganz nebenbei wächst dieser Park aber auch zu einer Attraktion heran, die in ganz Europa ihresgleichen sucht.

In China verehrt man den Ginkgo als Sinnbild für Liebe und ein langes Leben. Im 17. Jahrhundert kam der asiatische »Ginkgo biloba« nach Europa.

Adresse Bürgerpark, In der Bleiche, 94474 Vilshofen a. d. Donau | Anfahrt A3 Ausfahrt Vilshofen/Garham, St2119 nach Vilshofen, Parkplatz an der Bürgerpromenade | Tipp Die Stadt Vilshofen hat ihrem großen Wohltäter Heinrich Tuschl 1988 am Stadtplatz ein Brunnendenkmal gewidmet. Tuschl präsentiert sich als Ritter in voller Rüstung.

109 Die Liebeslinde

Ein mächtiges Naturerlebnis

Die herzförmigen Blätter sind der Grund, aus dem die Linde zum Baum der Liebenden erkoren wurde. Und genau diese Blattform ist es, die sich bei der Liebeslinde von Kriering auch in der Kronenform wiederfindet. Man sieht dies am besten, wenn man aus einiger Entfernung auf diesen mächtigen Baum zugeht.

Die weit ausladende Linde gilt als der schönste Baum im Rottal. Er lädt mit einer Tischgruppe inklusive Sitzbank unter den weiten Ästen zum Verweilen ein. Ein Feldkreuz gibt der Szenerie Ruhe und Gelassenheit. Man kommt sich allerdings ziemlich klein vor, wenn man unter dem Baum steht. Das Stammwerk beeindruckt enorm.

Mit ihren gut 150 Jahren präsentiert sich die Winterlinde nach den Befunden der Fachleute als erstaunlich robust und gesund. Weder die heftigen Orkanböen der vergangenen Jahrzehnte noch ein starker Eisregen im Jahre 1987 konnten den Baum erheblich schädigen. Dies stellt man in der Gemeinde Wittibreut zufrieden fest. Dazu beigetragen hat allerdings wohl auch, dass Anfang der 1980er Jahre die Krone mit Seilen verspannt wurde. Dadurch konnte die Bruchsicherheit spürbar erhöht werden. Als Naturdenkmal wurde der Baum 1976 ausgewiesen. Er gilt damit als »landschaftsprägend«. Ringsum herrscht Stille, was dem Besucher die Möglichkeit gibt, in die Natur hineinzuhören. Ein paar Häuser stehen in der Landschaft – ansonsten nichts. An heißen Sommertagen findet man ein schattiges Plätzchen unter dem Schirm der weithin sichtbaren Krone. Die untersten Äste sind sichelförmig gebogen und liegen bereits auf dem Boden auf. Der Baum strahlt eine wunderbare Ruhe aus.

Neben ihrem Platz in der Dichtung als »Liebesbaum« gelten Linden auch als ein Beispiel für Gesundheitsbäume. Sie eignen sich hervorragend zum »Blütenzupfen«. Dem Lindenblütentee wird lindernde Wirkung vor allem bei Erkältungen mit Reizhusten nachgesagt.

Adresse 84384 Wittibreut-Kriering | Anfahrt B 12 nach Simbach a. Inn, Wittibreut, weiter in Richtung Oberham, rechts ab nach Schlott, Kriering – Linde steht vor Kriering im freien Feld | Tipp Die Kaser Steinstube im Gebiet des nahe gelegenen Triftern ist in die Liste »Bayerns schönste Geotope« aufgenommen worden. Es handelt sich um eine große Ansammlung von kreuz und quer liegenden Steinblöcken mit vielen Schluchten und kleinen Höhlen.

110 Die Sternwarte

Mit Teleskopen auf Sternenjagd

Der schlichte Holzbau steht auf einer 500 Meter ansteigenden, abseitigen Anhöhe in Straßhäuser vor den Toren von Wurmannsquick. Der Feldweg ist eng, ein Kiesweg folgt, das Haus liegt abseits. Ursprünglich 2006 in Form einer Rolldachhütte erbaut, zieht sich die Heimat der Sternenfreunde nach dem Anbau eines Vortragsraumes jetzt fast 20 Meter in die Landschaft hinein. Die Koordinaten: Breitengrad N 48° 20' 27.243, Längengrad E 12° 47' 20.74. Diese Angaben sind etwas für Fachleute – im Inneren der Sternwarte kann sich aber auch der Laie zurechtfinden.

»Aktuelles am Himmel« informiert den Gast über die Geschehnisse am Nachthimmel sowie Interessantes aus Wissenschaft und Raumfahrt. Man erfährt dabei auch, wie man sich mit einfachen Mitteln und kostengünstigen Projektoren das Universum nach Hause holt.

Beim Rundblick durch den Raum sind unter anderem an den Wänden auch ausgestellte original Autogrammkarten von deutschen Astronauten zu sehen. Dann geht es in die »Kommandozentrale« des Observatoriums. Hier befinden sich viele technische Geräte und Monitore zur Steuerung und Justierung des Beobachtungsgeräts. Über ein paar Treppen ist auf einer Plattform das Herzstück des Hauses zu erreichen – ein 30 Zentimeter Spiegelteleskop mit Suchfernrohren und Kameras. Von hier aus ist fast ein 360 Grad Rundumblick über den nächtlichen Sternenhimmel möglich. Je nach Jahreszeit und bei idealen Wetterbedingungen zeigen sich dem Sterngucker der Mond, die faszinierenden Planeten unseres Sonnensystems und auch ferne Galaxien, diffuse Nebel und imposante Sternhaufen mit ihren schier unzähligen Sternen.

Im Rahmen von sogenannten Himmelsführungen werden die gängigsten Sternbilder auf verständliche Weise gezeigt und erklärt. Ebenso wird erläutert, wie man sich mit geringen Hilfsmitteln am nächtlichen Himmel zurechtfindet.

Adresse 84329 Wurmannsquick-Straßhäuser | Anfahrt B 20 Straubing, Landau a. d. Isar, Eggenfelden, Wurmannsquick, von Wurmannsquick Richtung Reischach / Wendling, nach dem Ortsschild »Eglsee« der Vorfahrtsstraße folgen und gleich die nächste Straße links Richtung »Vorleiten«, nächste Straße rechts, dann wieder nächster Kiesweg rechts | Öffnungszeiten Infos unter sternenfreunde.jimdo.com | Tipp Im nahen Postmünster ist mit dem Rottauensee ein Naherholungsgebiet von besonderer Größe und Güte entstanden. Hier gibt es naturnahe Erholung in herrlicher Landschaft.

111 Der Dorfkirchturm

Der höchste seiner Art in Bayern

Seit der Spätgotik gehören stilgerechte Nebenkirchen wie selbstverständlich in die Rottaler Hügellandschaft. Sie wachen über kleine Dörfer und geben dem Rottal seine unverwechselbare kulturelle Prägung. Ihre schlanken Türme ragen wie ausgestreckte Zeigefinger in den niederbayerischen Himmel. Auf einer Fläche von 1.200 Quadratkilometern sind noch mehr als 100 meist unverändert gebliebene Kirchen und Kapellen aus dem 14. und 15. Jahrhundert zu finden. Sie wurden in den zurückliegenden Jahren – nicht zuletzt auch von den zuständigen Touristikern – als »Alleinstellungsmerkmal« wiederentdeckt. Eine regelrechte »Gotik-Tour« ist ein anregender Kulturgenuss.

Die ehemalige Wallfahrtskirche Schildthurn ragt im wörtlichen Sinne heraus: Ihr 78 Meter hoher Turm gilt als der höchste Dorfkirchturm in Bayern. Bei gutem Wetter ist er noch bis in das Salzburger Land zu sehen. Er umfasst fünf quadratische und vier achteckige Stockwerke, der Turmhelm allein ist 30 Meter hoch. Die schwere Glocke wurde 1531 gegossen, so besagt es eine Inschrift. Die Kirche ist Sankt Ägidius geweiht, einem Einsiedler und Abt in Südfrankreich um 700. Er gilt auch als Patron der stillenden Mütter.

Dazu passt der Wallfahrtsbrauch des Wiegenschutzens: War der Kinderwunsch sehr groß oder die Unfruchtbarkeit deprimierend, so wurde eine hölzerne Wiege unter der Empore bewegt. Dem Passauer Bischof wurde dieses von ihm wohl als abergläubisch empfundene Tun um 1870 zu suspekt. Kurzerhand musste die Wiege entfernt werden. Nur eine Votiv-Wiege aus dieser Zeit hat sich erhalten.

Was für die Kirche von Schildthurn gilt, trifft auch für die zahlreichen anderen gotischen Rottaler Nebenkirchen zu: Mit dem schweren Bartschlüssel, den sich der Interessierte beim benachbarten Bauern oder Mesner holen kann, erschließen sich meisterliche Werke früherer Kunstepochen.

Adresse 84367 Zeilarn-Schildthurn | **Anfahrt** A 3 Ausfahrt Straubing, B 20 Richtung Simbach / Eggenfelden, danach ist Zeilarn ausgeschildert. Der Kirchturm von Schildthurn ist unübersehbar auf einer Anhöhe zu erkennen. | **Öffnungszeiten** Einfach in einem Nachbarhof bei der Kirche nach dem Schlüssel fragen. Die Einheimischen sind sehr hilfsbereit! | **Tipp** Acht Kilometer entfernt liegt Marktl am Inn: Hier steht das Geburtshaus von Papst Benedikt XVI. Es ist mittlerweile Reiseziel von Christen aus aller Welt.

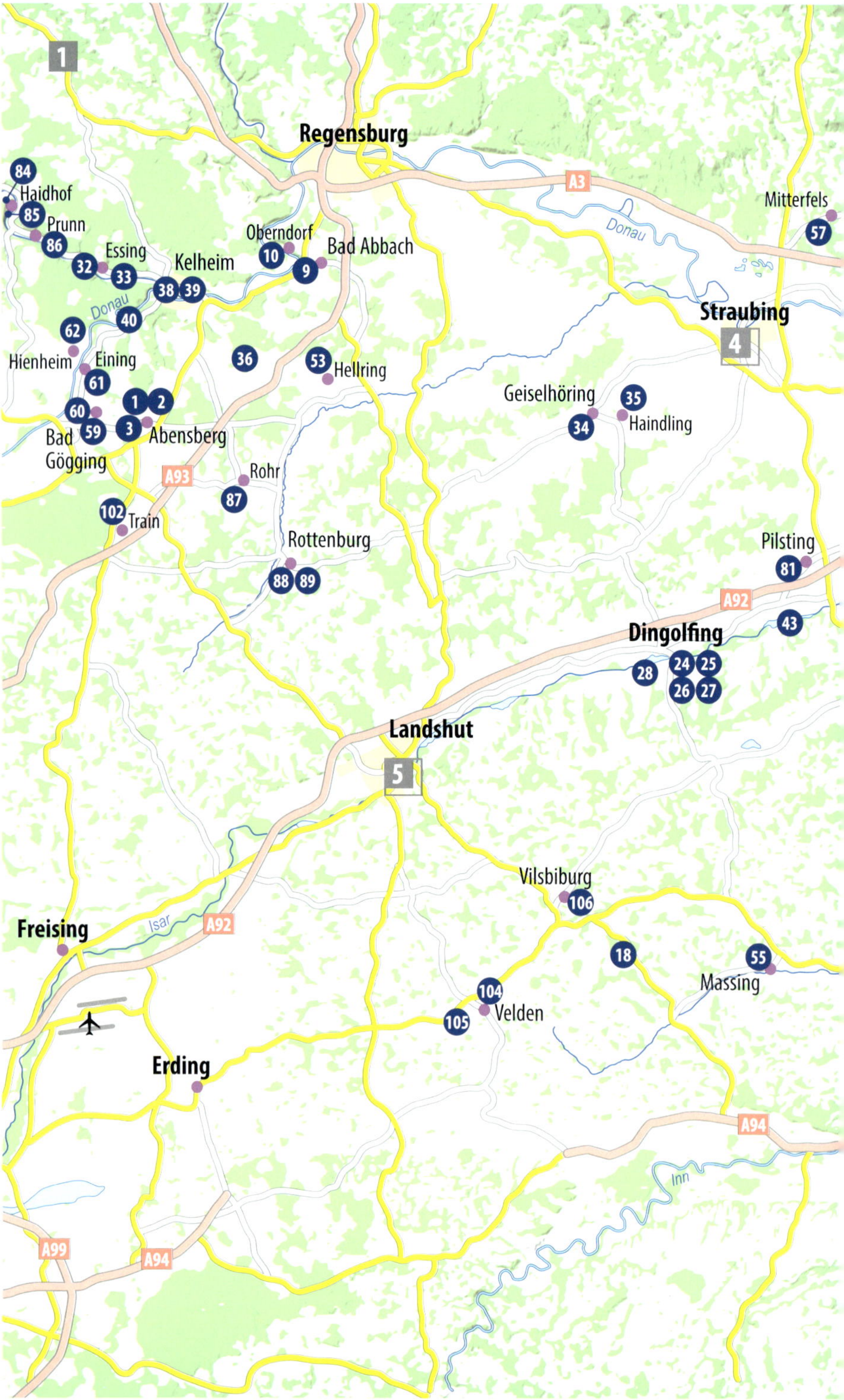
1
84
Haidhof
85
Prunn
86
Essing
32
33
Kelheim
38
39
Donau
40
62
Hienheim
Eining
61
60
1
2
3
59
Bad
Gögging
Abensberg
Regensburg
A3
Oberndorf
10
Bad Abbach
9
36
53
Hellring
Donau
Mitterfels
57
Straubing
4
Geiselhöring
35
34
Haindling
A93
Rohr
87
102
Train
Rottenburg
88
89
Pilsting
81
A92
43
Dingolfing
28
24
25
26
27
Landshut
5
Vilsbiburg
106
Isar
A92
Freising
18
55
Massing
104
Velden
105
Erding
A94
Inn
A99
A94

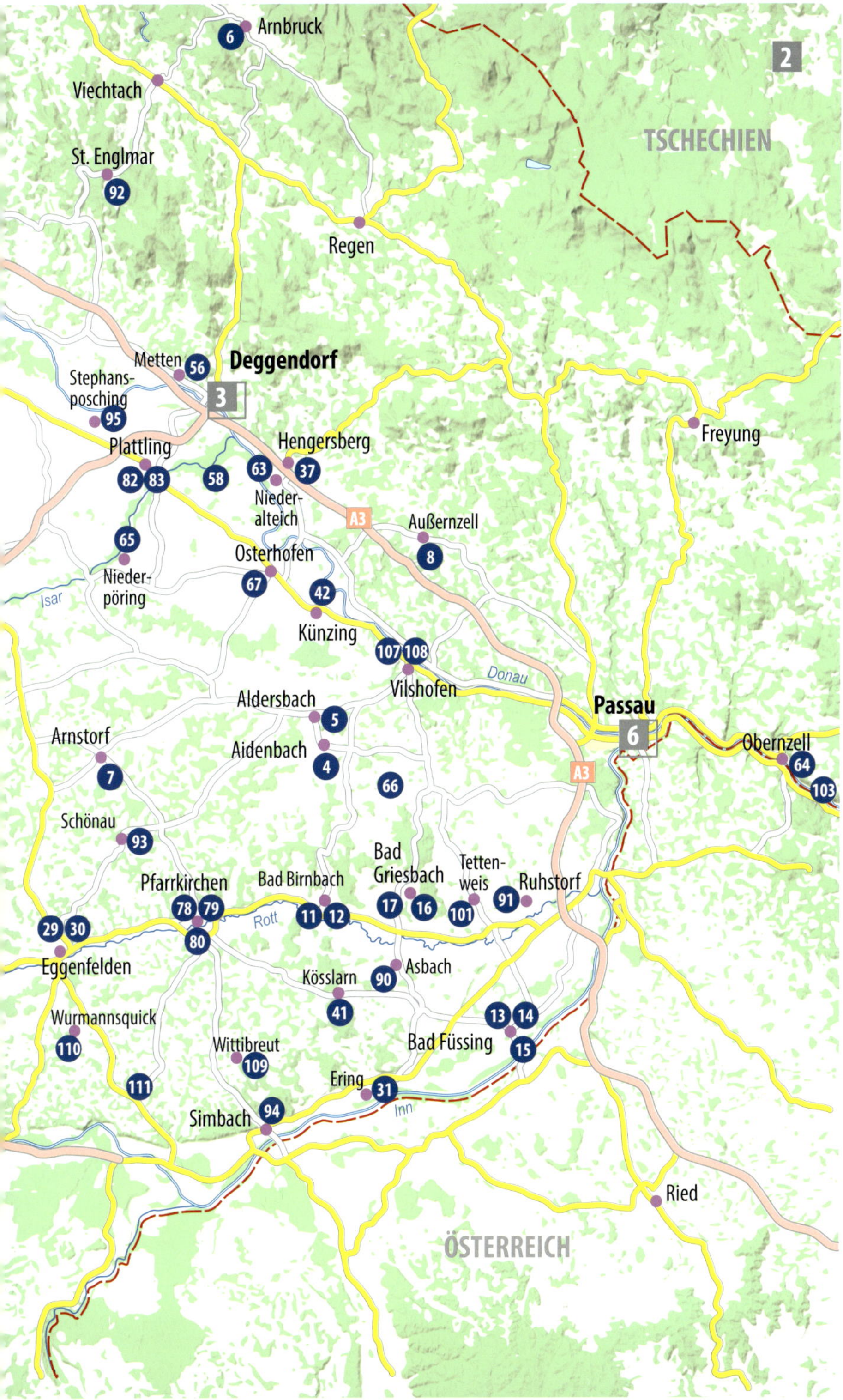

2
TSCHECHIEN
Arnbruck
6
Viechtach
St. Englmar
92
Regen
Metten
56
Deggendorf
Stephans-
posching
95
3
Plattling
82
83
58
Hengersberg
63
37
Nieder-
alteich
A3
Außernzell
8
Freyung
65
Nieder-
pöring
Isar
Osterhofen
67
42
Künzing
107
108
Vilshofen
Donau
Passau
6
Aldersbach
5
Aidenbach
4
66
Arnstorf
7
Obernzell
64
103
A3
Schönau
93
Pfarrkirchen
78
79
80
Bad Birnbach
11
12
Rott
Bad
Griesbach
17
16
Tetten-
weis
101
91
Ruhstorf
29
30
Eggenfelden
Kösslarn
41
90
Asbach
Wurmannsquick
110
13
14
15
Bad Füssing
Wittibreut
109
111
Ering
31
Inn
Simbach
94
Ried
ÖSTERREICH

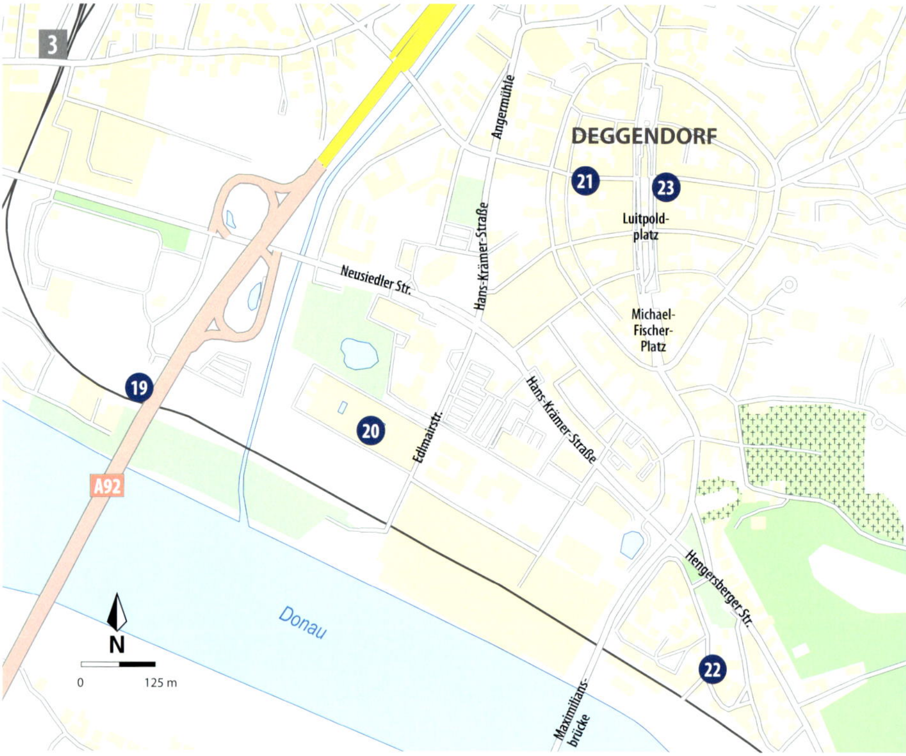
3
DEGGENDORF
Angermühle
Luitpold-
platz
Neusiedler Str.
Hans-Krämer-Straße
Michael-
Fischer-
Platz
Edlmairstr.
Hans-Krämer-Straße
Hengersberger Str.
A92
Donau
Maximilians-
brücke
19
20
21
22
23
N
0
125 m

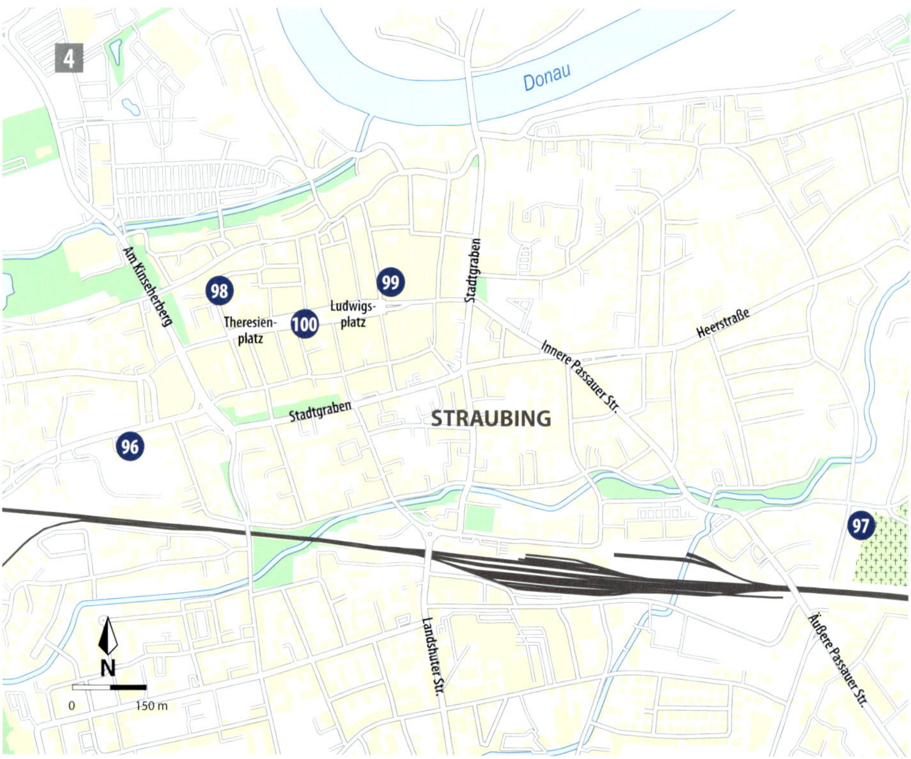
4
Donau
Am Kinseherberg
Stadtgraben
Ludwigs-
platz
Theresien-
platz
Heerstraße
Innere Passauer Str.
Stadtgraben
STRAUBING
Landshuter Str.
Äußere Passauer Str.
96
97
98
99
100
N
0
150 m

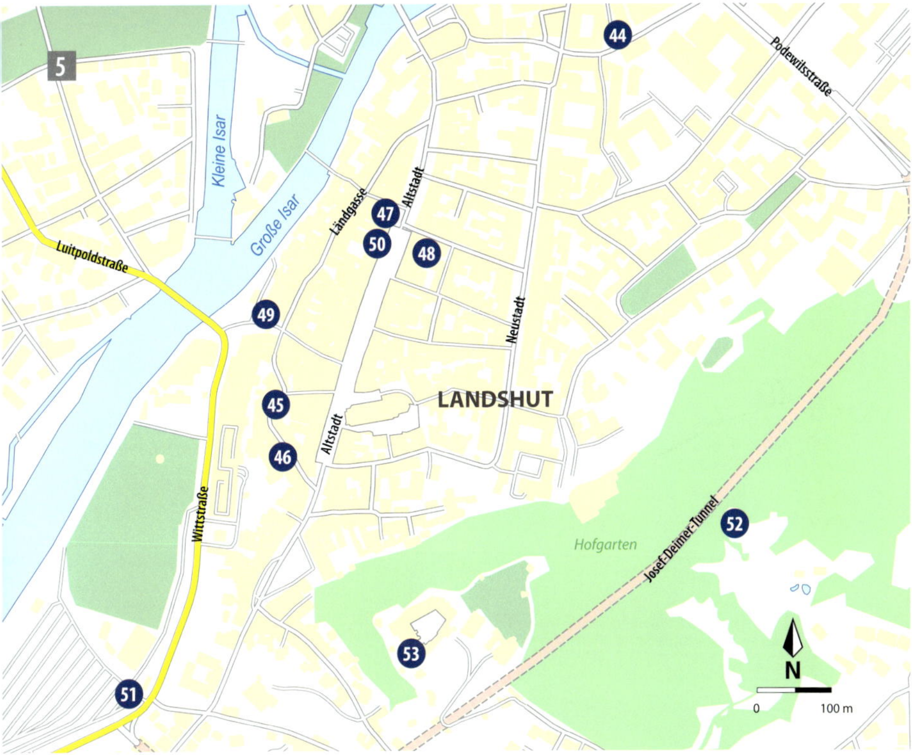
5
Kleine Isar
Große Isar
Luitpoldstraße
Ländgasse
Altstadt
Podewilsstraße
Neustadt
LANDSHUT
Wittstraße
Hofgarten
Josef-Deimer-Tunnel
44
47
50
48
49
45
46
51
52
53
N
0
100 m

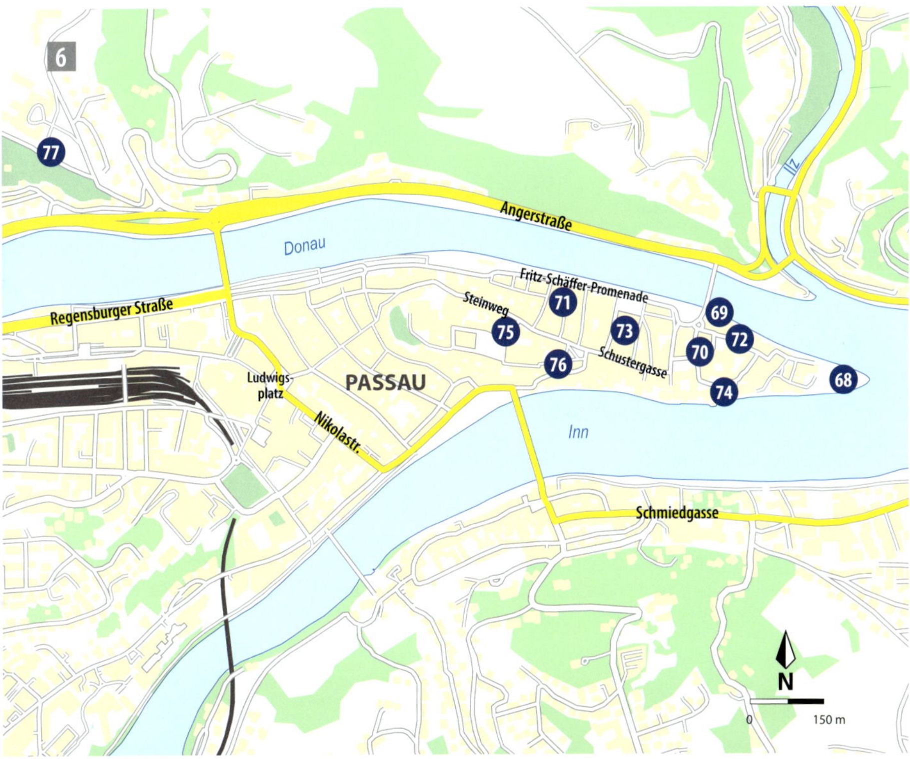
6
77
Angerstraße
Ilz
Donau
Regensburger Straße
Fritz-Schäffer-Promenade
Steinweg
Schustergasse
Ludwigsplatz
PASSAU
Nikolastr.
Inn
Schmiedgasse
68
69
70
71
72
73
74
75
76
N
0
150 m

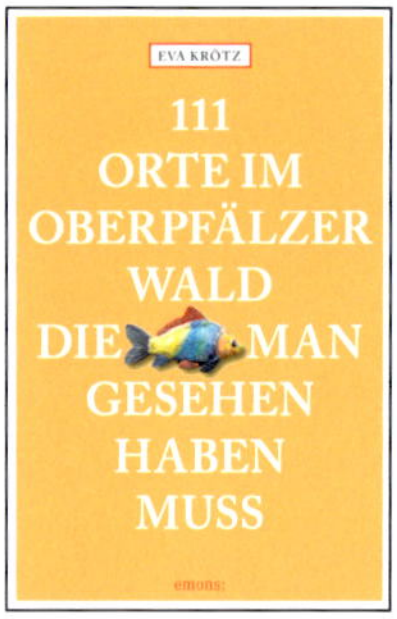

Eva Krötz
111 Orte im Oberpfälzer Wald, die man gesehen haben muss
ISBN 978-3-7408-0331-5

Ottmar Neuburger,
Lisa Graf-Riemann
111 Orte vom Wilden Kaiser bis zum Dachstein, die man gesehen haben muss
ISBN 978-3-7408-0138-0

Dorothea Steinbacher
111 Orte im Chiemgau und im Rupertiwinkel, die man gesehen haben muss
ISBN 978-3-7408-1654-4

Tim Frühling, Christine Frühling
111 Orte in der Rhön, die man gesehen haben muss
ISBN 978-3-7408-1998-9

Astrid Süßmuth
111 Orte im Werdenfelser Land, die man gesehen haben muss
ISBN 978-3-7408-0118-2

Oliver Ultsch, Pia Ultsch
111 Orte in und um Coburg, die man gesehen haben muss
ISBN 978-3-95451-923-1

Jochen Reiss
111 Orte im Fünfseenland, die man gesehen haben muss
ISBN 978-3-7408-2247-7

Sabine Becht, Sven Talaron
111 in und um Bamberg, die man gesehen haben muss
ISBN 978-3-7408-1186-0

Julia Lorenzer, Fabian Marcher
111 Orte in Rosenheim und im Inntal, die man gesehen haben muss
ISBN 978-3-95451-735-0

BAD FÜSSING
wirkt und wirkt und wirkt

Natürliche „Wohlfühl-Medizin“ für Körper und Seele

Bad Füssing überrascht Sie mit unzähligen Möglichkeiten zum Entspannen, Genießen und Aufleben.

„Wir machen Urlaub zur Erholung, aber wir reisen als Erfüllung“, sagt ein Sprichwort. Mehr als 300 Gastgeber im bayerischen Bad Füssing an der deutsch-österreichischen Grenze tun alles, um Ihre Urlaubsträume wahr zu machen. Das beliebteste Gesundheitsreiseziel Europas liegt in Niederbayern eingebettet in die ursprüngliche Natur der unberührten Flussauen des Inns.

Ob bei einem beflügelnden Wellness-Wochenende oder einem Aktiv-Urlaub in paradiesischer Umgebung: Schenken Sie sich neue Gesundheit und Lebensfreude! Bad Füssing bietet Ihnen das ganze Jahr über beste Voraussetzungen für eine kurze Wohlfühl-Auszeit oder auch eine mehrwöchige Kur.

Den Alltag hinter sich lassen

Bad Füssing ist der Ort der Millionen Blüten: Hier kann man die Atmosphäre der Parks und der Wälder auf sich wirken lassen und der Stille lauschen. Wer in die Natur eintaucht, tut etwas für seine Gesundheit. Finden Sie bei einem „Waldbad“ Entspannung und Ruhe oder vergessen Sie bei einer „Wald-Meditation“ die Sorgen des Alltags!

Ein heilkräftiger Schatz aus 1.000 Metern Tiefe

Das „Geheimnis“ für die Beliebtheit Bad Füssings ist die legendäre Heilwirkung des aus 1.000 Meter Tiefe sprudeln, 56 Grad heißen Thermalwassers. Der Ort wird auch Sie mit einer Vielfalt begeistern, die keine Wünsche offen lässt: Dazu gehören eine Spielbank, ein Veranstaltungsprogramm mit Kulturhöhepunkten, kulinarische Erlebnisse aus aller Welt und vieles mehr.

Einzigartige Rad- & Wandertouren durch wunderschöne Naturlandschaften

Bad Füssing und seine Umgebung lässt sich wunderbar zu Fuß oder mit dem Fahrrad erkunden. Erleben Sie idyllische Flussauen, Wälder, Naturschutzgebiete in überwiegend flachen Gelände Es gibt auch viele Gelegenheiten zur gemütlichen Einkehr am Wegesrand.

Einmal Bad Füssing, immer Bad Füssing

Es ist die Vielfalt der Attraktionen, die einen Wohlfühl-Urlaub in Bad Füssing unvergleichlich macht – und einer der Gründe, warum 90 Prozent der Erstbesucher als Stammgäste immer wieder kommen.

Das Team des Kur- & GästeService unterstützt Sie gern bei der Planung und Vorbereitung Ihrer unvergesslichen Auszeit in Bad Füssing.

Kur- & GästeService
Bad Füssing
94072 Bad Füssing
Tel. 08531 975-580
www.badfuessing.de
tourismus@badfuessing.de

Gregor Nagler
111 Orte in Augsburg, die man gesehen haben muss
ISBN 978-3-7408-1782-4

Marion Rapp
111 Schätze der Natur rund um den Bodensee, die man gesehen haben muss
ISBN 978-3-95451-619-3

Richard Auer, Gerhard von Kapff
111 Orte im Altmühltal und in Ingolstadt, die man gesehen haben muss
ISBN 978-3-7408-2047-3

Sonja Silberhorn
111 Orte in und um Amberg, die man gesehen haben muss
ISBN 978-3-7408-1463-2

Kerstin Söder
111 Orte im Fränkischen Seenland, die man gesehen haben muss
ISBN 978-3-7408-1072-6

Jo Seuß
111 Orte in Fürth und Erlangen, die man gesehen haben muss
ISBN 978-3-7408-0724-5

Bernd Flessner
111 Orte in der Oberpfalz, die man gesehen haben muss
ISBN 978-3-7408-0873-0

Marko Roeske
111 Orte im Bayerischen Wald, die man gesehen haben muss
ISBN 978-3-7408-1690-2

Cornelia Ziegler
111 Orte im Allgäu, die man gesehen haben muss
ISBN 978-3-7408-2128-9

Der Autor

Reiner Vogel, Jahrgang 1953, arbeitet seit 1979 als Rundfunkjournalist und Autor in Regensburg. Ein Schwerpunkt seiner Reportertätigkeit war – neben dem politischen – immer auch das kulturelle Leben in der Region Niederbayern/Oberpfalz. Im Emons Verlag ist von ihm der Titel »111 Orte in Regensburg, die man gesehen haben muss« erschienen.

Der Fotograf

Maximilian Raab, begeisterter Hobbyfotograf, lernte insbesondere während seiner langjährigen Tätigkeit als Baujurist bei der Stadtverwaltung Regensburg seine Heimatstadt und die Region lieben.